AUTOSTIMA
DA SPARTANO

Come sviluppare l'Autodisciplina per il successo nella vita reale. Metodi per Migliorare la Forza Mentale, la Forza di volontà, il Carisma, e rompere le cattive abitudini.

Steven Master

INDICE

Introduzione

Che cosa è la disciplina?

La disciplina è la capacità di portare a termine i tuoi obiettivi. "La disciplina è una parte fondamentale del successo", afferma Nazarian. "La disciplina è la capacità di fare ciò che vuoi fare quando vuoi farlo. " La disciplina è la capacità di prenderti la responsabilità di fare le cose che ti sei prefissato di fare, è importante perché se non ce l'hai, allora otterrai mai nulla di fatto.

La disciplina è una caratteristica che tutti abbiamo in una certa misura. E' la capacità di controllare le nostre azioni e i nostri pensieri anche di fronte alle tentazioni. È un tratto che può essere sviluppato, il che significa che è qualcosa che puoi cambiare nel tempo. La disciplina è la capacità di rimanere impegnati sui propri obiettivi e rimanere concentrati su di essi. La disciplina è anche la capacità di prendere la decisione che, qualunque cosa accada, farai tutto il necessario per raggiungere i tuoi obiettivi. La disciplina è la capacità di controllarti. Può essere definita come l'atto di controllare le proprie azioni, muoversi in una particolare direzione o evitare certi tipi di situazioni, è qualcosa che deve essere sviluppata e rafforzato nel tempo. La disciplina è la capacità di esercitare l'autocontrollo. Può essere applicata a qualsiasi cosa, dalla tua vita personale al tuo lavoro.

Cos'è Autodisciplina?

L'autodisciplina è la capacità di fare ciò che dovresti fare anche se non è divertente, e anche se non hai voglia di farlo. L'autodisciplina ti può aiutare in molti modi. L'autodisciplina è la capacità di ritardare la gratificazione. Molti di noi non hanno la capacità di ritardare la gratificazione perché sono costantemente alla ricerca del prossimo pezzo di torta al cioccolato.

L'autodisciplina è la capacità di tenere in ordine la tua casa. È il desiderio di essere organizzati, in ordine e di avere un ambiente domestico pulito. Se non hai autodisciplina, ti ritroverai nei guai. Essere disciplinato è una parte importante del successo. La disciplina è la capacità di mantenere le proprie abitudini e routine nonostante le tentazioni e le distrazioni, anche quando si è stanchi o malati. L'autodisciplina è un'abilità vitale che può aiutarti a qualsiasi titolo, è la capacità di controllare i tuoi impulsi, le tue azioni e il tuo comportamento.

La scienza dell'autodisciplina

È importante essere disciplinati in tutte le aree della tua vita. Se sei disciplinato nel tuo lavoro, sarai più produttivo e di successo. L'autodisciplina è importante perché può aiutarti a raggiungere i tuoi obiettivi. L'autodisciplina può essere suddivisa nelle seguenti tre componenti: autocontrollo, autoconsapevolezza e motivazione.

La psicologia dell'autodisciplina

La capacità di autodisciplina è importante per il successo. L'autodisciplina è ciò che ci impedisce di fare cose che sappiamo essere dannose per noi. Devi essere in grado di dire di no e avere la disciplina per mantenerlo. Le persone spesso pensano che l'autodisciplina consista solo nell'essere in grado di restare fedeli alle cose. Tuttavia, secondo gli psicologi, la capacità di essere disciplinato ha molto più a che fare con la tua psicologia che con il tuo desiderio. È la chiave del successo in qualsiasi campo. È molto semplice; quando si è auto-disciplinati significa assicurarsi che tutto ciò che si fa, tutte le azioni, sono fatti con uno scopo e una messa a fuoco. L'autodisciplina è un tratto caratteriale che ti consente di fare le cose. Si tratta di mantenere la disciplina e rimanere in pista, indipendentemente dagli ostacoli che si incontrano. L'autodisciplina è un'abilità che tutti possiamo migliorare. Tuttavia, non dobbiamo sempre sforzarci. La ricerca ha dimostrato che l'autodisciplina riguarda più il nostro atteggiamento mentale che la forza di volontà. La chiave per l'autodisciplina è la mentalità. Quando sei di buon umore, sarà più facile per te restare fedele ai tuoi obiettivi.

L'autodisciplina spartana

La disciplina è la chiave per costruire un'attività di successo. Si tratta di avere autodisciplina e non lasciarsi distrarre da cose che non ti aiutano a raggiungere i tuoi obiettivi. È importante avere un forte senso di autodisciplina. Se non ne hai alcuno, farai fatica a rimanere fedele ai tuoi obiettivi e realizzare i tuoi sogni. Affinché una piccola impresa possa prosperare, devi avere per forza autodisciplina. Ciò significa che devi essere in grado di mantenere i tuoi obiettivi e andare avanti, anche quando non è facile. "Non sono una persona a cui piace avere molti beni. Ma mi piace essere autosufficiente e non voglio dipendere da nessun altro per niente di ciò che riguarda la mia vita".

La disciplina è qualcosa che si bisogno di coltivare giorno dopo giorno in modo che il tuo business possa crescere. È importante per ogni individuo avere autodisciplina e sapere come essere disciplinato. Per essere in grado di avere successo negli affari è fondamentale.

Capitolo 1

Come sviluppare l'autodisciplina?

Per essere felici, condurre uno stile di vita sano e raggiungere obiettivi, è necessario aggiungere autodisciplina alle relazioni, valori etici, nutrizionali e fitness. I sentimenti e gli impulsi non dovrebbero dettare le tue scelte. Dovresti essere informato e razionale. Certo, puoi allenarti ad essere auto-disciplinato. Attraverso la pratica e la ripetizione nella vita di tutti i giorni, puoi creare buone abitudini, dissolvere quelle cattive e migliorare il tuo processo decisionale.

In questo modo, potrete vivere una vita libera e piena di scelte sane. L'autodisciplina non è innata. È proprio come un muscolo che si indurisce mentre ti alleni nel tempo. Ecco i modi per migliorare la tua autodisciplina:

Comprendi la tua motivazione

Innanzitutto, prima di poter sviluppare l'autodisciplina, dovresti avere un forte desiderio di raggiungere un obiettivo specifico. Un forte desiderio alimenta l'autodisciplina. Qualcosa deve ispirare quel cambiamento. Per rimanere concentrato sul tuo percorso di autodisciplina, deve esserci una ragione convincente del perché stai iniziando un progetto o un'attività. Cosa vuoi? Perché lo vuoi? Perché esattamente devi farlo? Che risultato auspicato hai in mente di raggiungere? Potrebbe essere un'abitudine che desideri sviluppare o un obiettivo che desideri raggiungere. La più forte sarà il tuo perché, più forte la sarà la tua auto-disciplina.

Elimina le tentazioni

La tua autodisciplina può essere più forte quando segui il principio "lontano dagli occhi, lontano dalla mente". Ciò significa fare del tuo meglio per rimuovere tutte le distrazioni e le tentazioni dall'ambiente circostante. Stai cercando di adottare una dieta sana? Butta via il cibo spazzatura dal tuo frigorifero. Vuoi concentrarti di più mentre studi? Spegni il tuo smartphone!

Adotta una dieta sana e regolare

Gli scienziati hanno scoperto che la tua determinazione diminuisce ogni volta che il livello di zucchero nel sangue è basso. Quando hai fame, la tua capacità di concentrazione è ostacolata perché il tuo cervello non funziona al suo massimo potenziale. La fame non solo riduce la concentrazione; provoca anche pessimismo e scontrosità. Una dieta povera di nutrienti essenziali può influenzare il tuo autocontrollo in tutti gli aspetti della tua vita, dalle relazioni al lavoro. Con pasti sani e regolari (qui non approfondisco perché ci vuole un altro libro per parlarne), tuttavia, il livello di zucchero nel sangue sarà regolare e la concentrazione e le capacità decisionali saranno migliorate.

Fallo anche se non ti sembra "giusto"

Per migliorare la tua autodisciplina, devi essere pronto a cambiare la tua "normale" routine. Questo è spesso difficile e doloroso per molti di noi. Il fatto è che i nostri comportamenti abituali sono collegati ai gangli della base (una parte del cervello responsabile di ricordi, schemi ed emozioni). Tuttavia, le nostre decisioni sono legate a un'area separata del cervello chiamata corteccia prefrontale.

Quando un comportamento si trasforma in un'abitudine, passiamo al pilota automatico e smettiamo di usare le nostre capacità decisionali. Quindi, per rompere una cattiva abitudine e costruirne una nuova, devi prendere decisioni attive; questo processo spesso sembra sbagliato perché il cervello combatterà il cambiamento e si atterrà a ciò per cui è stato programmato. Questo è il motivo per cui devi prendere decisioni attive anche quando non ne hai voglia.

Crea un piano d'azione

Per raggiungere il tuo obiettivo, devi creare un piano d'azione efficace. Questo piano deve includere mini-traguardi e una scadenza ragionevole. Le mini-pietre miliari ti aiutano a suddividere il tuo obiettivo in parti gestibili, spostandoti verso il tuo obiettivo in piccoli pezzi alla volta. In questo modo, mantieni il controllo dell'obiettivo e non sei sopraffatto. Facendo un passo alla volta, semplifichi il processo e inizi a creare lo slancio. Una mente sopraffatta è più facile procrastinare, una procrastinazione è un grave ostacolo per l'auto-disciplina. Pertanto, il tuo piano d'azione deve avere passi progressivi e piccole vittorie mentre ti avvicini al tuo obiettivo. Una scadenza dà un senso di urgenza e concentrazione.

Il tuo percorso verso l'autodisciplina dovrebbe avere una scadenza pratica. Una scadenza chiara disciplina la tua attenzione. Quando c'è una data di fine specifica, la tua energia e le tue risorse vengono utilizzate in modo appropriato per mantenere lo slancio necessario per portare a termine le tue azioni. Ma ne parleremo in maniera approfondita più avanti.

Avere una mentalità auto-disciplinata

Il tuo stato d'animo è connesso alla tua autodisciplina. Ci sono qualità specifiche come ottimismo, coraggio, entusiasmo, eccitazione, passione, diligenza, pazienza e diligenza che devi sviluppare. Devi impegnarti a fare tutto ciò che è necessario per raggiungere il tuo obiettivo. Devi essere pronto a goderti il processo e renderlo parte di te. Allo stesso modo, una mente autodisciplinata conosce l'essenza delle priorità. Una vita disciplinata è tutta una questione di flusso e struttura. Concentrandoti sulla cosa più importante, hai meno probabilità di essere distratto da cose irrilevanti.

Visualizza i risultati desiderati

Diventare autodisciplinato in uno specifico aspetto della tua vita è il tuo obiettivo. Continua a visualizzare il risultato desiderato. Ciò fornisce maggiore chiarezza sui tuoi obiettivi e sulle azioni necessarie per raggiungerli. Dopo aver definito i tuoi obiettivi, immagina come ti sentirai quando li avrai raggiunti.

C'è potere nella visualizzazione e nell'immaginazione. Creando un'immagine mentale del tuo obiettivo, hai fatto il primo passo per renderlo palpabile. Nota che la visualizzazione non è la stessa cosa del sognare ad occhi aperti. La visualizzazione si basa su obiettivi dettagliati e delineati. Un sognatore ad occhi aperti fantastica solo senza muovere un dito verso alcun piano. Quando visualizzi, rimuovi ogni dubbio su te stesso. Per essere auto-disciplinato, devi imparare ad andare avanti, senza lasciare spazio che i pensieri negativi possano insidiarsi nel tuo subconscio.

Monitora i tuoi progressi

Apprezza ogni progresso che fai verso il tuo obiettivo. Sia che tu stia utilizzando un diario o un calendario, monitora ogni progresso e misura la tua crescita. Questo ti manterrà concentrato e motivato mentre raggiungi i tuoi traguardi. E anche quando non riesci a raggiungere un traguardo, monitorare i tuoi progressi ti aiuta a vedere gli aggiustamenti che devi mettere in atto per tornare in gioco e le insidie che devi eliminare. Queste insidie sono spesso naturali. La cosa più importante è imparare da loro e andare avanti.

Scopri i possibili ostacoli e le sfide che possono sorgere lungo il percorso verso l'autodisciplina. Prendi in considerazione i tuoi punti deboli e dedica del tempo ad affinare le abilità necessarie per superare quelle aree carenti.

Sii responsabile e impegnato

Hai bisogno di un impegno incrollabile per raggiungere qualsiasi obiettivo. L'impegno a lungo termine alimenta l'autodisciplina. Ma poiché spesso non c'è responsabilità, perdiamo rapidamente l'impegno. La responsabilità è un punto focale dell'autodisciplina. Per un impegno a lungo termine, hai bisogno di qualcuno che ti ritenga responsabile delle tue azioni: un amico, un familiare, un mentore o persino un istruttore di fitness. Qualcuno di fiducia che ti controlli per valutare i tuoi progressi. Questa seconda voce motivante fa molto per aiutarti a raggiungere i tuoi obiettivi. Dovresti anche essere responsabile dei tuoi standard. Qualcosa che ti rimetta diritto quando vai fuori pista. Quando trovi qualcuno che ti ritenga responsabile, devi anche ritenerti responsabile delle tue decisioni e delle scelte quotidiane.

L'impegno alimenta l'autodisciplina. Indipendentemente dalle sfide che ti attendono, devi essere pronto a rispettare il tuo obiettivo. Una cosa che ho trovato utile è assumere un impegno pubblico. Ad esempio, ho parlato a diversi membri della famiglia, amici e colleghi dei miei piani per smettere di fumare. In questo modo, sono stato ritenuto più responsabile delle mie azioni e sono stato aiutato a rimanere disciplinato durante il mio viaggio verso i non fumatori. Ma l'impegno non riguarda mai il tuo obiettivo finale. Devi essere impegnato in ogni passaggio che porta a quell'obiettivo. Per evitare di fumare, ad esempio, non sono andato solo in crisi di astinenza.

Dovevo impegnarmi a prevenire incontri che mi avrebbero spinto a fumare; ho dovuto partecipare alle riunioni di "dipendenti dalla nicotina", usare la terapia antifumo NRT e così via. Impegnarsi in piccole azioni significa essere coerenti con molte abitudini che porterebbero all'obiettivo finale. In questo modo, puoi evitare di essere sviato e risucchiato nella trappola della gratificazione istantanea.

Perdonare te stesso

L'autodisciplina è difficile. Ci saranno alti e bassi. La cosa più importante è continuare a provare. Riconosci le tue battute d'arresto e vai avanti. Invece di indugiare nella frustrazione, nella rabbia o nel senso di colpa perché sei tornato a una cattiva abitudine, perdona te stesso e rimetti in gioco. Più a lungo piangi il tuo fallimento, più difficile diventa tornare in pista. Quella vocina dentro la tua testa, quella che ti ricorda sempre gli aspetti negativi, è capace di trascinarti giù nelle fogne. La maggior parte delle volte, siamo i nostri stessi nemici nel nostro percorso verso l'autodisciplina. Ci umiliamo e pensiamo che non saremo mai abbastanza bravi. Impara a perdonarti. Per quanto semplice possa sembrare, perdonare se stessi è una delle cose più difficili che ci siano. Ma è la cosa più importante. Renditi conto che nessuno è perfetto. Abbiamo tutti le nostre insicurezze. Ma la vita non deve essere perfetta perché le persone siano felici di se stesse. C'è una virtù nell'accettazione, nel lavorare per essere migliori e nell'appagamento.

Evita la trappola del perfezionismo

Il perfezionismo è una forza che si auto-sabota. Il perfezionismo ci induce a pensare che stiamo effettivamente facendo progressi. Il perfezionismo, nel vero senso della parola, è un meccanismo difensivo che ci protegge dal fare il vero lavoro. Per vedere alla perfezione, ci concentriamo sui compiti banali che ci danno una parvenza di controllo; in tal modo, continuiamo a illuderci che stiamo esercitando l'autodisciplina. Aspettarti molto da te stesso è una buona cosa, ma il perfezionismo può avere un effetto paralizzante se non gestito adeguatamente: un ostacolo al tuo progresso e ai tuoi risultati. Visto in maniera superficiale, essere un perfezionista suona bene: devi però avere un occhio acuto per i dettagli, sempre alla ricerca di superare le aspettative, e rimanere sempre concentrato sulla prossima grande cosa. Tuttavia, ci sono diversi modi in cui il perfezionismo può essere un ostacolo per te.

Quando cerchi il perfezionismo, potresti finire per procrastinare gli obiettivi di cui sei persino appassionato. Poiché passi molto tempo a evocare la visione perfetta di come le cose dovrebbero essere fatte, diventi eccessivamente attento ai dettagli e ossessionato da ogni problema. Presto, poiché è doloroso spendere troppe energie in quel progetto, lo respingi e aspetti quel momento "perfetto", che potrebbe non arrivare mai.

Quando cerchi sempre la perfezione, c'è la possibilità che tu stia ignorando la tua salute nel nome del raggiungimento del risultato perfetto. Per rispettare una scadenza o adottare un'abitudine, pratichi l'auto-abbandono, permettendo alla tua salute di venire meno nel corso degli anni.

Infine, il perfezionismo può portare a relazioni compromesse. Un perfezionista può mettere il lavoro al di sopra dei propri cari e può anche essere troppo esigente nei loro confronti. I perfezionisti sono anche inclini a scatenarsi quando le cose non vanno come vogliono. Per superare gli ostacoli del perfezionismo, considera di concentrarti su ciò che conta davvero nella tua vita, smetti di definire la tua autostima con un elenco di risultati e considera gli errori come un'opportunità per imparare.

Capitolo 2

Qual è il tuo perché?

Come scoprire lo scopo della tua vita?

Dopo aver interagito in tutto il mondo con più di un milione di persone, sono arrivato a credere che ognuno di noi sia nato con uno scopo unico nella vita. Forse la più importante di azione positiva che le persone prendono è di individuare, accettare e realizzare questo intento. Si prendono il tempo per realizzare quello per cui sono qui e poi, con passione ed entusiasmo, lo perseguono. La nostra missione e passione nella vita sono trasparenti ed evidenti per alcuni di noi. Siamo nati con una serie di talenti e sviluppiamo i nostri talenti in abilità attraverso l'esercizio persistente. I nostri figli sono chiari esempi di intenti. Dal momento in cui erano interessati a ciò che avevano nel mondo. Un bambino può voler disegnare tutto il tempo, e magari in futuro entra nel mondo dell'arte. Un altro bambino che ha sempre battuto il ritmo su barattoli di vernice e piatti, ora potrebbe essere nel mondo della musica. Forse un bambino sarà nel mondo della letteratura e l'altro nostro figlio potrebbe essere nel mondo degli affari. La maggior parte di loro aveva talenti naturali che erano chiari indicatori di ciò di cui si sarebbero appassionati. Tuttavia, non è così facile identificare una passione per alcune persone. Ad un certo punto, potresti anche esserti chiesto: "Cosa dovrei fare della mia vita?" "Di cosa sono entusiasta?" O " Qual è il mio scopo nella vita". Invece, puoi goderti quello che stai facendo in questo momento, anche se con una visione più ampia, potresti scoprire che è diverso da quello che avresti voluto fare. Vorrei darti alcuni suggerimenti qui di seguito per aiutarti a trovare una passione per la tua vita e un vero scopo:

Esplora ciò che ami fare

Siamo tutti nati con un intento profondo a volte non rivelato. Non devi rimediare al tuo scopo; è già qui. Per creare la vita che desideri, devi scoprirla. Potresti pensare: "Qual è lo scopo della mia vita?" Esplorando due cose inizierai a scoprire la tua passione o scopo:

1. Cosa ti piace fare?
2. Cos'è semplice per te?

Naturalmente, sviluppare i propri talenti richiede lavoro, il musicista più talentuoso deve sempre esercitarsi, anche se potrebbe sembrare naturale ciò che fa. Amo insegnare, leggere, fare coaching, facilitare la formazione e sviluppare conferenze, workshop e corsi sulla trasformazione. Mi piace riunire altri leader per conferenze e creare nuovi approcci al nostro lavoro.

Per me queste cose sono facili. Anche se ho passato diversi anni a imparare come padroneggiare queste abilità, mi è piaciuto ogni minuto. In altre parole, occorre lavorare, ma non soffrire. Quando fallisci e soffri, non vivi intenzionalmente.

Chiedilo a te stesso

Quali qualità ti piace esprimere di più al mondo? Chiediti, quali sono le due qualità che ti piace esprimere nel mondo? Ci sono pace e felicità. Secondo, chiediti: come mi divertirei a esprimere queste qualità in due modi? Il mio ispira le persone e dà loro potere.

Ispiro le persone con la storia avvincente che condivido nei miei seminari e di cui scrivo nei miei libri, e le motivo insegnando loro strategie potenti e di successo che possono usare nelle loro vite. Secondo te, dedica alcuni istanti a scrivere una rappresentazione di come sarebbe il mondo se funzionasse perfettamente. Tutti stanno vivendo la loro visione più elevata nel mio mondo perfetto in cui stanno facendo, diventando e facendo tutto ciò che vogliono. Infine, metti tutti e tre insieme in una dichiarazione e avrai un'idea chiara del tuo scopo. Il mio è "Ispirare e responsabilizzare le persone in un contesto di amore e gioia per realizzare il loro sogno più alto".

Segui la tua guida interna (cosa dice il tuo cuore?)

E se ti dicessi che hai dentro di te il sistema di guida da quando sei in vita che può aiutarti ad andare, dove stai andando?

Si chiama GPS interno. Il tuo GPS interno è come il GPS dell'auto o del telefono, ti chiede come andare da A a B.

Quando sali in macchina e vai verso una determinata destinazione, qual è la prima cosa che inserisci manualmente nel tuo GPS? Prima di tutto, questo troverà la tua posizione attuale. Questo ti dà le indicazioni per dove stai andando una volta determinato dove ti trovi.

Ha solo bisogno di conoscere la tua posizione di partenza e la tua destinazione finale affinché il sistema funzioni. Utilizzando un computer di bordo che riceve segnali da diversi satelliti e misura la tua posizione esatta, il sistema di navigazione calcola il resto. Quindi pianificherà per te un percorso impeccabile. Da quella fase in poi, quello che devi fare è obbedire alle indicazioni per arrivare a destinazione. Per chiarire il tuo obiettivo, assicurati la destinazione tramite l'impostazione degli obiettivi, le affermazioni e la visualizzazione, quindi inizia ad agire per guidarti nella giusta direzione. Con ogni immagine che vedi "passi" la destinazione che desideri raggiungere. Esprimi un'intenzione ogni volta che esprimi una preferenza per qualcosa. Un tavolino vicino alla finestra, posti in prima fila per conferenze, biglietti di prima classe, una camera con vista sull'oceano o una relazione d'amore. Tutte queste immagini e sentimenti danno all'universo richieste. Se rimani fuori dal suo percorso, nel senso che non interrompi il processo con un flusso di pensieri negativi, dubbi e paure, il tuo GPS interiore continuerà a svolgere i prossimi passi lungo il percorso mentre vai avanti.

In altre parole, se chiarisci e rimani concentrato sulla tua visione (con una lavagna della visione o meditazione, puoi farlo), i passaggi esatti continueranno ad apparire lungo il percorso sotto forma di feedback interno, generazione di idee e nuove opportunità.

Sii chiaro sul tuo scopo nella vita

Quando sei molto chiaro su ciò che vuoi e mantieni la mente sempre concentrata su di esso, il modo per arrivarci si manifesterà, a volte, proprio nel momento in cui ne hai bisogno, non un momento prima. Sei nato con una guida interiore che ti dice quanta gioia provi quando sei in pista o fuori pista. Il contenuto che ti dà la gioia più grande se è in linea con il tuo intento, ti porterà dove vuoi andare.

Sarai sorpreso e soddisfatto di ciò che offre mentre persegui i tuoi obiettivi per il mondo. Le meraviglie e i miracoli si manifesteranno in questo percorso. Prenditi del tempo per pensare onestamente e apertamente a dove sei e cosa vuoi fare della tua vita in questo momento. Qual è la tua situazione finanziaria? Come sono le relazioni che hai? Com'è il tuo benessere? E così via. Pensa a dove vorresti essere.

Se la tua vita fosse perfetta in questo momento, come ti sentiresti? Che tipo di carriera avresti e dove vivresti? Invierai potenti punti trigger alla tua mente subconscia facendo continuamente questo esercizio per aiutarti ad arrivarci.

Il Passion Test è semplice ma elegante. Per la seguente dichiarazione, inizi riempiendo lo spazio vuoto quindici volte: "La mia vita è ideale quando io ..." La parola deve essere un verbo che sceglierai di riempire lo spazio vuoto.

Le mie dichiarazioni erano così quando ho seguito il processo:

- La mia vita è ideale quando servo un numero enorme di persone.
- Se aiuto le persone con la loro percezione, la mia vita è l'ideale.
- Quando parlo a grandi gruppi, la mia vita è perfetta.
- La mia vita è perfetta quando faccio parte di una rete di leader religiosi.
- La mia vita è l'ideale se sviluppo un gruppo ristretto di formatori che si sentono vicini alla mia organizzazione.

Identificherai le prime cinque opzioni dopo aver fatto quindici affermazioni. Per fare ciò, dovresti confrontare le affermazioni numero uno e due per identificare le più significative. Prendi il vincitore del confronto e decidi se è più o meno importante del numero tre. Quindi, prendi il vincitore di quella partita e decidi se è più o meno importante del numero quattro, e così via finché non hai identificato la passione che è più significativa per te. Per identificare la tua seconda scelta, ripeti il processo con le restanti quattordici affermazioni. Ripeti il processo finché non avrai inserito le prime cinque passioni della tua vita. Per prima cosa, crea dei marker per ciascuna delle tue cinque passioni principali, permettendoti di guardare la tua vita e dirti rapidamente se stai vivendo la passione. Per me, un obiettivo della vita sarebbe: "aiutare le persone a vivere la loro visione, fare almeno cinque seminari all'anno per un totale di almeno 12.000 partecipanti, e ad alla fine di ogni evento, le persone si avvicinano e mi dicono: 'hai potenziato la mia visione di vita. ' Una volta che conosci le tue passioni e come sarà la tua vita, se la vivi creerai piani d'azione per trasformare i tuoi sogni in realtà.

Pensare ai tempi in cui hai sperimentato la migliore gioia nella tua vita

Un altro metodo possibile da utilizzare per aiutarti a identificare la tua visione è di rivedere la tua gioia. Metti da parte circa quaranta minuti e fai un elenco della maggior parte delle volte in cui hai sentito la gioia più grande della tua vita. Quando l'ho fatto, ero un capo di pattuglia nei Boy Scout, ero un ufficiale nella mia scuola superiore, ero un consigliere del campo estivo in un campo nel Maine, i miei anni come leader della confraternita del college, i miei anni come insegnante di liceo, quando facevo workshop e formazione, quando scherzavo, raccontavo storie e quando viaggiavo. Nel mio scenario, stavo allenando e ho ispirato le persone focalizzate nella loro vita a perseguire i loro sogni e ad avere più amore, gioia e prosperità.

Poiché sappiamo tutti che la gioia fa parte del nostro meccanismo di supporto interno che ti dice quando sei in rotta, puoi determinare molto sullo scopo della tua vita dal completamento di questa valutazione della gioia. Un cardiologo di successo, uno dei miei studenti di formazione, stava lottando per capire il suo intento.

Gli ho suggerito un altro esercizio e gli ho chiesto di guardare indietro e di rispondere alla domanda: "quali erano i momenti in cui mi sentivo più felice e contento?" Ha condiviso tre volte quando si è sentito il più felice e soddisfatto:

> • Per prima cosa, quando viveva nell'Asia meridionale, mi raccontò di una volta con suo nonno.
> • Il secondo era l'esperienza di gioco dei suoi nipoti.
> • La terza volta che ha trascorso una vacanza in barca a vela.

Quando gli ho chiesto cosa fosse simile a tutte queste esperienze, mi ha detto che sentiva il suo senso di libertà. Notavo che nessuno dei suoi tre momenti erano relativi al lavoro, gli ho chiesto di raccontarmi le sue esperienze più soddisfacenti come medico. Ha capito che erano quando ha prestato i suoi servizi gratuitamente o per un compenso inferiore a quello che i suoi partner pensavano avrebbe dovuto pagare. Durante una visita in ufficio, ha condiviso un momento in cui ha impiegato molto più tempo del solito per sostenere e incoraggiare una famiglia che aveva paura di perdere il padre durante l'imminente intervento al cuore.

Prenditi del tempo per te stesso

Mentre esploravamo ulteriormente la sua vita, è diventato evidente che si prendeva pochissimo tempo per se stesso. Era sempre di guardia, sempre in ritardo al lavoro, sempre in orario per prendersi cura di sé con poco o nessun tempo libero. Gli ho chiesto perché era così. Ha risposto che se non si fosse occupato di loro, le persone potevano morire.

La questione divenne chiara: in un certo senso stava "morendo" occupandosi solo dei pazienti e mai di se stesso.

Gli ho chiesto che cosa avrebbe fatto nella seguente situazione e di vedere questo punto quando era a casa: "Un paziente viene da te per un intervento chirurgico. Se operi il ragazzo morirai e lui morirà se non lo operi. O tu o lui. Cosa hai intenzione di fare? "Ha trascorso molto tempo a soffermarsi tranquillamente su questa situazione, e poi alla fine, ha detto," Sceglierei di vivere piuttosto che perdere me stesso. Uccidere me stesso per salvare gli altri non ha senso. " Questa è stata una svolta nella sua vita. In seguito mi ha detto che mentre vuole ancora prendersi cura delle persone, ora sa di avere il diritto di prendersi cura di se stesso, della sua mente, del suo corpo e dei suoi bisogni. Questo cardiologo ora collega una maggiore importanza al fare ciò che viene dal suo cuore, rispetto a quello di qualcun altro.

Allinea i tuoi obiettivi con lo scopo e le passioni della tua vita

Abbiamo una serie di talenti e interessi che ci dicono cosa possiamo fare. Organizza tutte le tue attività attorno ad essi una volta che sai qual è lo scopo della tua vita. Tutto quello che fai dovrebbe essere un'espressione del tuo scopo. Non lavorarci su se un'attività o un obiettivo potrebbero non corrispondere a quella formula. È estremamente importante quando si fissano obiettivi professionali che siano in linea con il proprio scopo. Hai più flessibilità quando si tratta dei tuoi obiettivi personali.

Se vuoi imparare a dipingere o a fare sci nautico, fallo e continua a farlo. Se miri a metterti in forma e perdere peso, assicurati di andare avanti. Mentalmente, fisicamente, spiritualmente nutrire te stesso ti renderà più vigoroso, resistente, e motivato a vivere il tuo scopo sul fronte professionale. Tuttavia, non ignorare incautamente sul fatto che il tuo lavoro o la tua professione potrebbero non essere adatti a te. Quando odi, sei sempre arrabbiato il lunedì mattina e vivi solo per i fine settimana, potrebbe essere un segno che è ora di seguire il tuo cuore e fare il lavoro che stai aspettando di fare. Quando hai più chiarezza sul tuo scopo, non devi rinnovare immediatamente e stravolgere completamente la tua vita subito. Il rovescio della medaglia è che devi farlo a piccoli passi. Inizia a vivere il tuo scopo più pienamente ogni giorno, prestando attenzione al feedback che ricevi dagli altri, ai risultati che generi e a come ti senti.

Capitolo 3

L'autodisciplina può darti libertà

Autodisciplina e libertà sono due parole che non associ spesso l'una all'altra. Quando senti la parola autodisciplina, pensi automaticamente alle palle e alle catene che limitano le cose che puoi fare e al fatto che dovrai sacrificare molte cose. Certo, ti aiuta a raggiungere i tuoi obiettivi, ma praticare l'autodisciplina non è esattamente una passeggiata nel parco e a volte implica rinunciare a cose che ti piace fare ma che sono dannose per i tuoi obiettivi di vita. Per alcune persone, l'auto-disciplina è come un maestro che ha una frusta e la picchia sulle loro mani per far sì che facciano i compiti che davvero non vogliono fare.

Le parole che associ all'autodisciplina sono limitazione, controllo e moderazione. Allora come si associa alla libertà? Quando la libertà è tutta una questione di indennità, flessibilità e alcuni potrebbero persino dire indulgenza. La verità è che l'autodisciplina ti dà la libertà, la libertà di fare le cose che ti piacciono. È impossibile sperimentare il potere e i benefici della libertà se non pratichi l'autodisciplina. Inoltre, devi capire che la libertà arriva sempre con la responsabilità, ed è qui che entra in gioco l'autodisciplina.

Immagina quanto duramente dovettero allenarsi gli spartani, ciò comportava una disciplina rigorosa, per poter diventare cittadini, avere il privilegio di sposarsi, votare e candidarsi alle elezioni. Le forze speciali d'élite seguono anche molte procedure operative standard. Può sembrare eccessivamente cauto a un estraneo, ma in realtà rende le cose più efficienti.

Il rispetto delle regole porta a processi sempre più brevi, il che significa liberare tempo che i soldati possono impiegare per portare a termine altri compiti o magari per prendersi una pausa. Più le procedure sono strutturate e rigorose, più libertà ha la truppa di operare a un ritmo più efficiente perché i soldati sanno e capiscono cosa ci si aspetta da loro. È un paradosso interessante il modo in cui la struttura si traduce in libertà. Questo è anche il modo in cui dovrebbe funzionare la democrazia. Un paese democratico può sperimentare appieno i benefici e il potere della libertà solo se il popolo pratica la disciplina. In un contesto più ampio, la disciplina è equivalente alle leggi di quel paese. Se le persone non seguono una serie di regole e regolamenti, ci sarebbe il caos perché le persone potrebbero semplicemente fare quello che vogliono. La libertà senza disciplina non è buona e può solo sfociare in un eccesso. Questo è il motivo per cui questi due concetti vanno di pari passo. Se vuoi esempi concreti di come l'autodisciplina possa darti la libertà, dai un'occhiata ai prossimi paragrafi:

Scenario 1

Rimettere le cose al loro posto dopo averle usate è una forma di disciplina. Tua madre te lo diceva sempre quando eri più giovane e più tardi il tuo coniuge dopo esserti sposato. È qualcosa che a molte persone è stato insegnato a fare ma che ancora non riescono a farlo. Ad esempio, rimettere le forbici nel cassetto o le chiavi nel gancio sul muro è qualcosa che fai sempre. La libertà che ne deriva è che non è necessario sprecare tempo ed energie per cercare le forbici o le chiavi perché sai dove le metti. E sono sempre lì, non importa quante volte li usi perché li metti sempre nei loro rispettivi posti. Rimettendo semplicemente le cose al loro posto, il che richiede solo pochi secondi della tua vita, libererai minuti della tua vita che avresti speso a cercare le cose mancanti se non le avessi messe al posto giusto.

Scenario n. 2

Ti impegni a svegliarti presto ogni giorno esattamente alle sei del mattino. Certo, trovi difficile fare i primi giorni e anche durante l'inverno, quando il tuo letto è molto più caldo e invitante. Ma quando lo fai continuamente, ti ci abitui e ora fa parte delle tue abitudini. La ricompensa? Puoi finire quello che devi in anticipo, il che ti dà un sacco di tempo libero da trascorrere con la tua famiglia senza preoccuparti delle attività che non hai ancora finito. Se ti svegli la mattina presto per andare in palestra prima di andare a lavoro, puoi semplicemente rilassarti quando arrivi a casa e non sforzarti di andare in palestra, cosa che può essere troppo stancante soprattutto dopo una lunga giornata di lavoro.

Iniziando la giornata presto, finisci anche la giornata presto, il che ti dà un sacco di tempo libero prima di andare a letto per rilassarti e fare altre cose.

Scenario n. 3

Stai andando in vacanza e il tuo volo è domani. Hai programmato tutto una settimana prima. Hai preparato un elenco di cose da fare e da portare, come biglietti, passaporto, vestiti, articoli da toeletta e così via. Hai comprato tutte le cose che non avevi a casa, ma che devi portare con te in viaggio. Hai fatto le valigie e ti sei assicurato che tutto sulla tua lista fosse barrato. Ti sei anche assicurato di aver lavato tutti i vestiti sporchi prima di partire.

Hai ripulito la casa e portato fuori la spazzatura. Il giorno del viaggio, ti senti rilassato e hai tutto ciò di cui hai bisogno nelle tue borse. Sei arrivato in orario all'aeroporto e hai fatto il check-in senza problemi. Quando sei tornato a casa, dovevi solo disfare le valigie e lavare i vestiti sporchi dal tuo viaggio perché non hai lasciato lavori in sospeso prima di partire per le vacanze. Tutto è andato per il meglio dal momento in cui sei partito al momento in cui sei tornato a casa e hai potuto rilassarti durante la tua meritata vacanza.

Scenario n. 4

Cerchi di risparmiare denaro non acquistando cose di cui non hai veramente bisogno. Andavi sempre al centro commerciale a caccia di svendite: vestiti, borse, scarpe, decorazioni per la casa. Ma decidi di fermare questa cosa semplicemente perché è dannosa per il tuo conto in banca e stai cercando di risparmiare per qualcosa che volevi davvero fare: visitare la Spagna. Inoltre, non ti piacevano molto le cose che compravi. Li compravi solo perché sono in saldo. Ora sei più saggio. Hai anche smesso di mangiare fuori per pranzo e ti porti il tuo pranzo al lavoro ogni giorno, il che ti fa risparmiare un pò di soldi. Tutto quello che devi fare è pianificare e preparare i tuoi pasti per l'intera settimana durante il fine settimana e non devi pensare a cosa cucinare ogni giorno, il che potrebbe essere stressante. Hai anche smesso di andare al bar ogni giorno perché la colazione è un po' cara e con pochi nutrienti. Ci vai ancora di tanto in tanto, ma non così spesso come prima.

Finalmente, dopo mesi di risparmio, ora hai la libertà di raggiungere la destinazione dei tuoi sogni. Non hai preoccupazioni perché hai i soldi per pagare tutto. Non hai nemmeno bisogno di usare la tua carta di credito. Tutto viene pagato in contanti, così quando torni dalle vacanze non devi preoccuparti di saldare le bollette. Risparmiare denaro significa praticare l'autodisciplina limitando i propri acquisti per poter fare qualcosa che si vuole veramente fare. Ti dà anche libertà finanziaria durante le tue vacanze perché ti sei preparato e hai risparmiato per questo. Inoltre, non hai contratto debiti non utilizzando la tua carta di credito.

Capitolo 4

Quali sono i tuoi obiettivi e che cosa da fare per raggiungerli?

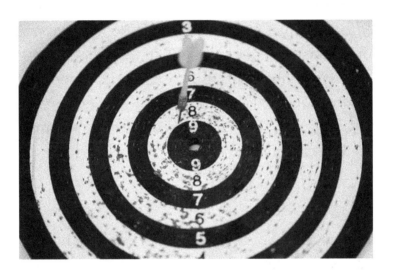

Differenza tra sogni, desideri e obiettivi

Obiettivi

Gli obiettivi ti aiutano a creare nuove abitudini. Le abitudini sono comportamenti che inconsciamente si ripetono per averle fatte tante volte prima. Sono la tua reazione istintiva a determinati stimoli. Ad esempio, quando ti prepari la mattina, puoi farlo in un certo modo: alzarti, fare colazione, lavarti i denti, prepararti, andare al lavoro, ecc. Quando stabilisci degli obiettivi, puoi sfidare le tue vecchie abitudini e importi quelli che ti aiutano piuttosto che quelli che ti danneggiano. Le persone autodisciplinate possono valutare le proprie abitudini e, quando vedono un'abitudine problematica, si pongono degli obiettivi per rompere quell'abitudine. Gli obiettivi ti danno qualcosa su cui mettere gli occhi. Ti danno speranze a cui aggrapparti quando la vita diventa dura. Quando ti senti perso, ti danno un presente promemoria di ciò che desideri. Gli obiettivi ti portano alla realizzazione e ti impediscono di vagare troppo lontano. Permettono un po' di vagabondaggio ma non abbastanza da farti dimenticare quello che stavi cercando. Gli obiettivi sono un modo per rimanere concentrati anche se la vita è caotica. Avendo un obiettivo, non ci saranno dubbi su ciò che stai cercando di fare, quindi otterrai più facilmente ciò che desideri.

Sogni

Non aver paura delle tue ambizioni. Essere ambiziosi non è mai una cosa negativa. Alcune persone possono esprimere le proprie ambizioni in modi odiosi, ma l'ambizione in sé non è una brutta cosa. È meraviglioso sognare in grande e avere obiettivi più audaci di quelli delle persone normali. È questa ambizione che crea innovazione. La capacità di andare oltre le aspettative e sforzarsi di creare qualcosa di nuovo è un dono incredibile che le persone autodisciplinate condividono. Le persone autodisciplinate non si accontentano di ciò che è sicuro o normale. Vogliono spingere i confini e fare qualcosa di più grande di quanto la maggior parte delle persone possa immaginare. Va bene anche se non raggiungi proprio tutti i tuoi sogni. Il punto è avere qualcosa per cui lottare. I tuoi obiettivi incrementali saranno più gestibili, ma il tuo grande obiettivo dovrebbe essere una sfida importante. Sognare non ti costa nulla, quindi non aver paura di sognare cose che potresti non ottenere. Non lasciare che nessuno ti scoraggi dai tuoi sogni perché, sebbene i tuoi sogni possano sembrare sciocchi agli altri, sono importanti perché sono tuoi. Sono tuoi e, comprensibilmente, vorresti realizzarli. Fai del tuo meglio per realizzare i tuoi sogni, indipendentemente da ciò che dicono i dubbiosi. Permetti e te stesso di sognare. Una delle cose più gratificanti che una persona può fare è sognare. Il sogno sfida la tua immaginazione e ti permette di esplorare idee che altre persone non hanno esplorato. I sognatori fanno girare il mondo e sono anche più felici. Abbracciano la loro immaginazione. Troppi adulti perdono di vista quanto sia straordinaria la loro immaginazione. Lascia che la tua immaginazione prenda vita e non aver paura del tuo lato creativo perché l'espressione creativa è una parte importante della vita.

Desideri

Li abbiamo tutti. E se potessimo tornare indietro nel tempo e cambiare una cosa del nostro passato? Cosa accadrebbe? Cosa cambieresti se avessi ventiquattro ore di vita? Nella vita ci sono cose che avremmo voluto fare diversamente. E ci sono cose che vorremmo fare adesso. I desideri sono un ottimo modo per esprimere i tuoi sentimenti o emozioni e dire a qualcuno come ti senti su di loro. Se sei stato mollato/a, spera che il tuo, la tua ex ti ricontatti. I desideri non sono una brutta cosa. Se hai qualcosa che vuoi veramente fare, non lasciare che altre persone decidano per te se dovresti farlo o meno. Un desiderio è qualcosa che vuoi che accada ed è una forza potente che può aiutarti a raggiungere i tuoi obiettivi. Potrebbe essere qualcosa di semplice come desiderare il giusto tipo di lavoro, o forse il tuo desiderio è fare più soldi. I desideri sono un modo potente per entrare in contatto con il tuo pubblico e mostrare loro che ci tieni davvero a loro.

Se riesci a immaginarlo, puoi farlo

Se ti senti bloccato, probabilmente non andrai da nessuna parte. Ascolta i tuoi sentimenti e lascia che ti dicano quando devi uscire dalla tua zona di comfort. I confini sono fatti per essere rotti. Non vederti rinchiuso nei tuoi confini, camminare in cerchio fino al giorno in cui muori. Prendi dei compiti che le persone dicevano che non avresti potuto fare e portali a termine. I tuoi confini ti danno l'illusione di sicurezza, ma ti soffocheranno se glielo permetti. Prenderanno tutta la tua forza vitale e ti faranno pensare che non puoi sentirti più felice di come ti senti in questo momento. Ti convinceranno che non vali più questo. Ti soffocheranno finché non affonderai sotto il peso della tua quiete. Non accontentarti dello status quo. Lo status quo è ciò che la società ti dice che è giusto. Sono le aspettative che ti sono state poste dalla cultura che ti circonda. Tuttavia, lo status quo non è sempre quello che meglio si adatta alle tue esigenze. Fai ciò che ti fa sentire soddisfatto. Importa davvero così tanto se la società dice che devi cambiare il tuo corpo? No, non è così. Non hai bisogno di cambiare te stesso per adattarti agli ideali che le altre persone hanno creato. Finché ti sforzi di essere una brava persona, non c'è bisogno di cercare di adattarsi agli schemi che la società ha fornito.

Sfida ciò che sai già. Quello che sai potrebbe essere incoerente con quello che vuoi raggiungere. A volte hai pregiudizi di cui potresti non essere a conoscenza. Non aver paura della tua ignoranza. Non c'è niente di sbagliato nell'ignoranza oltre alla riluttanza a imparare. Puoi crescere attraverso ciò che non conosci. Forse sei stato educato a pensare che fosse sbagliato essere gay. Chiediti se quell'idea corrisponde alle tue convinzioni. Pensi davvero che l'omosessualità sia sbagliata o è quello che ti dice la società? La risposta che ottieni dipende da te, ma è importante sfidare le tue convinzioni perché è attraverso i dubbi che riaffermi e sposti i tuoi valori.

Sii in grado di ammettere quando hai torto. Quando hai fatto un torto a qualcuno, sii maturo e preparati. Non cercare di elencare tutti i modi con cui puoi avere ragione. Non lasciare che il tuo orgoglio si intrometta nel tuo modo di fare la cosa giusta. La tua ignoranza può essere cambiata. Puoi imparare ad essere saggio, e questo fa parte dell'invecchiamento. È imparare ad essere consapevoli che a volte sbaglierai, ma sbagliare non dovrebbe farti perdere la rotta. Non dovresti arrenderti quando interpreti male una situazione. Invece, dovresti usare le conoscenze che hai acquisito per reindirizzare te stesso. Nessuno ama essere bloccato. Alcune persone cadono nella trappola dell'inattività. Sono cullati dal loro falso senso di sicurezza. Se continui a non andare da nessuna parte nella vita, non proverai mai la soddisfazione che potresti avere con l'autodisciplina. L'azione richiede di essere onesto con te stesso e ammettere che a volte commetterai degli errori, ma è una delle migliori sensazioni che potrai provare mai.

Un sogno senza un piano può diventare un incubo

Il tuo futuro non è qualcosa che puoi controllare, ma è una parte importante di chi sei perché non importa quanto cerchi di essere presente, ci saranno momenti in cui sentirai il futuro assillarti. Sarai a letto, fisserai il soffitto e non potrai smettere di pensare a cosa porterà la mattina. Il pensiero di tutte le cose che potrebbero accadere ti terrà sveglio, e dovrai alzarti e trascinare i piedi per lavorare sentendoti esausto e avvolto nella negatività. Il futuro può farti sentire male, ma non è necessario. Idealmente, dovrebbe farti sentire eccitato. Dovrebbe essere la cosa che ti fa venir voglia di saltare dal letto e fare il miglior lavoro possibile in tutti gli ambiti della tua vita. Una volta che impari a non temerlo, puoi vedere che il futuro può aiutarti ad abbracciare il tuo presente. Potrai imparare a non lasciare che le future paure ti facciano sentire senza speranza. Potrai imparare a non disonorare il tuo futuro in modo da aspettarti il meglio e non pensare alle cose peggiori. Fidati di me; il futuro non è così spaventoso come pensi. Se lo fosse, le nostre vite sarebbero piuttosto cupe. Sogna un futuro migliore, non gli incubi che potrebbero accadere (ma probabilmente non succederanno). Inizia e termina ogni giornata permettendoti di visualizzare quello che potrebbe essere il tuo futuro. Visualizzando ciò che vuoi che accada ogni giorno, ti prepari per il successo e il tuo cervello elaborerà meglio la tua visualizzazione se lo fai appena prima e subito dopo esserti alzato.

Immagina di essere dove vorresti essere e immagina come ti sentirai quando raggiungerai i tuoi obiettivi. Lascia che questa sensazione ti accompagni durante la tua giornata e ti rassicuri che puoi affrontare il futuro, qualunque cosa accada.

Dove sei adesso o dove vuoi andare

Il fallimento ti consente di essere aperto a nuove opportunità. Quando fallisci, ci sono un milione di possibilità di fare meglio. Se sbagli, potresti scoprire altre strade che desideri esplorare. Puoi esplorare e capire dove andare dopo. È straordinario essere in grado di prendere gli elementi negativi da una vecchia esperienza e usarli per creare un'esperienza completamente nuova.

Non puoi fallire per sempre. Alla fine, si trova una possibilità che si adatta alle tue esigenze per avere i risultati desiderati. Il fallimento ti porta solo più vicino al successo perché, contrariamente alla credenza popolare, non ti allontana dai tuoi obiettivi.

Principali aree della vita su cui concentrare i tuoi obiettivi

Non c'è bisogno di avere l'addome scolpito o di avere dieci milioni in banca. Trascorri alcuni giorni o addirittura settimane semplicemente pensando alle aree della tua vita in cui vorresti andare avanti. La maggior parte delle cose che vogliamo rientreranno in pochissime categorie di base:

I soldi

Questo concerne la quantità di denaro che si desidera avere, sia una somma in banca o in un investimento adatto. Una volta che hai preso l'abitudine di mettere un euro o due in una busta ogni settimana, puoi semplicemente passare il tempo a pensare di imparare qualcosa sugli investimenti finanziari. Ti accorgerai che fino a quando metti la stessa quantità di denaro in quella busta nascosta ogni settimana, e se spenderai trenta minuti ogni fine settimana a leggere sui potenziali modi per investire i soldi, scatterà in te il muscolo dell'obiettivo del denaro.

Reddito

È così che guadagni denaro. Puoi iniziare facendo una ricerca sui diversi modi per fare soldi. Questa non è una soluzione rapida in cui fai brainstorming per un'ora e scopri la tua nuova carriera tutta strutturata. Questo è un percorso in cui ti prendi dieci minuti ogni due giorni, scrivi solo idee su quello che potresti essere interessato a fare. Una volta che si prende l'abitudine di scrivere le cose, si inizia a notare ciò che non si sarebbe notato prima. Quello che scopri ogni giorno assumerà un nuovo significato, poiché ti darà delle idee su cose che potresti perseguire in futuro come potenziale fonte di reddito.

Salute

Idealmente, dovresti iniziare a fare anche qualcosa per la salute ogni giorno. Qualcosa di abbastanza piccolo da non poter saltare, che in realtà si può fare. Potresti dedicare dieci/quindici minuti al giorno allo stretching, o facendo un esercizio di resistenza mentale per cinque minuti ogni giorno prima di mangiare un dolce. È molto comune iniziare con un sacco di forza di volontà e motivazione, solo per arrendersi in seguito. Questo è mortale per l'autostima. Dal momento che questa è una guida sull'autostima e non come ottenere un addome scolpito, puoi andare alla velocità che ritieni possibile per te. Dieci/quindici minuti di stretching o di esercizio ogni giorno sono sufficienti per costruire un'abitudine salutare.

Comunicazione

Ci sono modi illimitati per aumentare le tue abilità come comunicatore. Un modo per iniziare è scrivere le cose che vorresti migliorare. Trascorri una o due settimane, scrivendo qualcosa, una volta al giorno, che noti nella comunicazione degli altri e che vorresti emulare. Ricorda, l'obiettivo qui è acquisire l'abilità, ma creare slancio verso abilità migliori. Dal

48

momento che gli esseri umani prendono un sacco di tratti inconsciamente l'uno dall'altro, semplicemente annotando e scrivendo i tratti degli altri può essere sufficiente. Finché rimani coerente, starai bene.

Relazioni

Questa è un'altra area in cui sarà sufficiente dedicare del tempo a scrivere i piccoli elementi sulle relazioni che sono importanti per te.

Invece di passare il tempo a creare il partner dei tuoi sogni, scrivi un tratto che trovi ammirevole nelle relazioni degli altri, sia immaginarie che nella vita reale. Mantienilo come un obiettivo possibile. Se puoi, trova tratti simili nelle relazioni che hai ora.

Hobby

Ogni volta che hai del tempo libero, puoi usarlo semplicemente per passare il tempo, oppure puoi usarlo per attività intellettualmente e mentalmente stimolanti. Iniziare scrivendo alcune idee è perfetto.

Pensa semplicemente a scriverne uno al giorno nella sezione hobby del tuo diario. Qualunque cosa pensi che ti potrebbe piacer fare. Se ti ritrovi a scrivere delle stesse tipologie di hobby, considera di esplorarne di più.

Come deve essere un obiettivo?

Specifico

Cosa stai cercando di ottenere esattamente? Più specifico sei con l'obiettivo, meglio sarai in grado di lavorare per raggiungerlo. Sappiamo che il tuo obiettivo finale è raggiungere una maggiore autostima, ma quali sono i metodi che desideri utilizzare per raggiungere questo traguardo? Per essere specifico con i tuoi obiettivi, devi scomporli in modo da poter lavorare per ottenere i risultati che desideri.

Ad esempio, un obiettivo non specifico potrebbe essere "Voglio migliorare la mia autostima", mentre un obiettivo specifico direbbe "Voglio migliorare la mia autostima concentrandomi sul pensiero positivo per i prossimi sei mesi." Ora, stiamo parlando, di un obiettivo che ha istruzioni specifiche. Sai cosa fare e raggiungerlo non sarebbe ambiguo. Ci sono alcune domande che puoi porti mentre stabilisci gli obiettivi per eliminare ogni confusione. Tutte le confusioni possono essere eliminate usando le giuste tecniche.

Alcune domande che puoi porti sono:

- Qual è l'obiettivo finale che vuoi raggiungere?
- Dove ti vedi alla fine del periodo particolare che ti sei prefissato per raggiungere l'obiettivo?
- Come vuoi raggiungere quel particolare obiettivo?

- Quando vuoi raggiungere l'obiettivo che hai in mente?
- Lavorerai con uno psicologo o un amico o sarà uno sforzo individuale?
- Perché vuoi raggiungere l'obiettivo? Qual è la forza trainante del tuo obiettivo? Ci sono modi alternativi per raggiungere l'obiettivo rispetto a quelli che hai già evidenziato a te stesso?

Le risposte alle domande precedenti ti aiuteranno ad aggiungere dettagli specifici ai tuoi obiettivi per migliorare la tua bassa autostima. È necessario aggiungere chiarezza ai propri obiettivi e non lasciarli ambigui. Obiettivi ambigui rendono più difficile raggiungere l'obiettivo finale anche nel lungo periodo.

Misurabile

Una volta che sei sicuro che l'obiettivo che ti stai prefiggendo è specifico, dovresti continuare a verificare se è misurabile o meno. Con misurabile intendiamo dire che devi essere in grado di identificare i progressi che stai facendo per avvicinarti all'obiettivo, devi essere in grado quindi di sapere a che punto sei del tuo percorso verso l'obiettivo finale che hai in mente. Poiché l'autostima è un atteggiamento e un processo della mente, sicuramente non puoi vederlo o ascoltarlo, ma puoi sentirlo. Quindi, si tratta di essere onesti con te stesso e monitorare i progressi che senti durante il periodo in cui stai "gareggiando" per arrivare al top.

Puoi suddividere i tuoi obiettivi in pensieri misurabili. Ad esempio, se vuoi raggiungere l'obiettivo finale senza pensieri negativi, devi raggiungere uno stadio in cui smetti di seguire i pensieri negativi. Dovresti identificare un pensiero negativo ogni volta che si insinua nella tua mente.

Immaginiamo che tu stia conversando a tarda notte con qualcuno che ami. Gli fai un complimento e lei non ricambia. Potrebbe essere per qualsiasi motivo. Ma la tua mente può lentamente e gradualmente pensare a molte opzioni negative. E se non fossi più attratto da lei? E se non le piacessi più? E se ha trovato qualcun altro? Sono abbastanza attraente? Vedi, come hai appena spinto la tua autostima verso il basso attraverso i tuoi pensieri negativi. Avrebbe potuto semplicemente non ricambiare un complimento perché si sentiva assonnata e non sentiva il bisogno di fare un complimento in quel momento.

È necessario rendersi conto dell'importanza di non dare retta ai propri pensieri negativi. Ora, immaginiamo la stessa situazione sopra. Le fai un complimento, e non ricambia. I pensieri negativi iniziano a insinuarsi, ma li respingi con il pensiero positivo che potrebbe sentirsi assonnata. Ti senti meno male con te stesso e la tua autostima non si abbassa. Vedi la differenza?

Inoltre, se sei bravo nell'auto-riflessione, puoi dire se un pensiero è negativo o positivo non appena ti viene in mente. Proprio quando quel pensiero si insinua nella tua mente, dovresti essere in grado di spazzarlo via e andare avanti. Tieni traccia dei tuoi progressi, in modo da poter misurare i progressi che stai facendo. Gli obiettivi devono essere misurabili, in questo modo possono aiutarti a ottenere ciò che desideri dalla tua vita. Puoi costruire la tua autostima fissando obiettivi con tutte le caratteristiche di cui abbiamo parlato.

Capitolo 5

Come allenare la tua mente?

Diventare il padrone della tua mente richiede molta forza di volontà, concentrazione e determinazione. Tuttavia, è essenziale per padroneggiare la tua autodisciplina. Ricordati che lo strumento migliore che hai per darti una vita migliore e raggiungere il tuo io migliore è la tua mente. Ciò significa che devi avere il controllo dei tuoi pensieri per raggiungere la padronanza nella tua autodisciplina. Il primo passo che devi compiere quando si tratta di prendere il controllo della tua mente è conoscere il tuo io critico interiore.

Questa è la parte di te che vuole trascinarti giù e che ti dà i pensieri più malsani. Il tuo critico interiore si è sviluppato in tutta la tua vita. È nato da persone che ti dicevano che non avresti avuto successo, dai tuoi genitori quando ti criticavano, dai bulli e dal paragonarti ad altre persone. È importante ricordare che il tuo critico interiore sei tu.

Sei tu che stai pensando a questi pensieri negativi e talvolta abusando emotivamente e mentalmente di te stesso. È tempo di affrontare te stesso e capire che se non tratteresti nessun'altra persona in questo modo, perché dovresti trattare te stesso in questo modo. Inizia a mettere a tacere il tuo critico interiore. Potresti avere bisogno di conoscere altre parti di te stesso che devi imparare a lasciare andare prima di poter prendere veramente il controllo della tua mente. Ad esempio, se hai ansia e sei eccessivamente preoccupato, devi lavorare per superare questa preoccupazione per ottenere il controllo della tua mente. Una delle tecniche per aiutare a gestire l'ansia o la preoccupazione è pensare a questa parte di te come a una piccola persona o un mostro seduto sulla tua spalla. Puoi immaginare la piccola persona come preferisci.

Ad esempio, puoi immaginarlo come un brutto troll. Questo troll è quello che sussurra quelle preoccupazioni e ansie nel tuo orecchio, il che ti fa concentrare su di loro invece di concentrati su ciò che dovresti per sviluppare la tua autodisciplina. Quando sei ansioso o preoccupato e senti questi pensieri, prendi il controllo di loro dicendo al tuo troll dell'ansia che non hanno ragione di esistere.

Dì invece al troll cosa è vero. Ad esempio, se il troll ti dice che non riuscirai a passare il tuo esame, gli dirai che non sarà così perché sei intelligente, hai studiato, e sei sicuro di conoscere il materiale d'esame. Mentre stai dicendo la verità al tuo troll, immagina che diventi sempre più piccolo ad ogni parola.

Alla fine, il tuo troll è così piccolo e la sua voce è così piccola e stridula che non hai più ansia per il tuo esame.

Mantenere la concentrazione

Una volta che hai vinto le tue lotte interne, come l'ansia e la tua critica interiore, puoi iniziare a lavorare per migliorare la tua concentrazione. Esistono diverse strategie che puoi utilizzare per migliorare la tua concentrazione. Devi trovare i metodi migliori per te stesso. Tuttavia, ci sono molte strategie che tutti dovrebbero seguire, poiché aiutano a mantenere la concentrazione per tutto il giorno. Alcune di queste strategie sono:

Inizia la giornata con una routine

Ci sono molti modi per iniziare la giornata con una routine. Potresti trovarti in cucina a preparare il caffè. Una volta che hai preso circa mezza tazza di caffè, ti prepari per la giornata. Da lì, decidi che impiegherai dieci minuti per fare qualcosa che ti aiuti a concentrarti di più sulla tua giornata. Potresti decidere di, mediterai, leggerai o ti eserciterai. Potresti provare diversi metodi prima di stabilire quale sia quello che ti aiuti a mantenere la concentrazione al meglio durante il giorno.

Concentrati sui grassi buoni nel tuo cibo

Ci sono tonnellate di diete nel mondo, ma alcune delle più popolari sono quelle che si concentrano sulla limitazione dei carboidrati e sull'apporto di grassi più sani nel tuo corpo. Ad esempio, molte persone iniziano a seguire la dieta chetogenica perché permette di mangiare tanti grassi sani durante la giornata e il tuo corpo inizia a utilizzare i grassi per bruciare energia invece dei carboidrati. Questo fa sentire le persone più energiche e migliora la loro concentrazione in modo naturale. Se stai cercando una dieta, poiché perdere peso e mangiare più sano è uno dei tuoi obiettivi, dovresti prendere in considerazione una dieta che si concentri maggiormente sui grassi sani piuttosto che su porzioni più piccole.

Tieni un'agenda/planner giornaliera/oraria

Esistono diversi tipi di agende/planner che puoi trovare nei negozi. Puoi decidere di prendere un agenda/planner che assomiglia a un calendario da parete o uno che ti dà più spazio per annotare le tue attività principali durante la giornata. Puoi anche trovare agende/planner suddivisi in ore. Molte persone ritengono che il miglior planner da scegliere sia uno motivazionale cioè che elencherà le ore, in quanto questo ti consentirà di annotare i tuoi compiti principale per ogni ora. Ad esempio, Fabio si occupa di quattro o cinque progetti contemporaneamente e gli piace lavorare a tutti durante la sua giornata. Pertanto, ha trovato nel planner orario la soluzione migliore, infatti può scrivere il progetto su cui sta lavorando di ora in ora e persino le sue pause, tutto questo lo aiuta a rispettare i suoi programmi.

Dormire a sufficienza

Dormire a sufficienza è spesso un suggerimento per concentrarsi che viene trascurato. Come la maggior parte delle persone, hai una vita frenetica e sembra che ogni minuto di ogni giorno sia occupato. A volte ti ritrovi a stare sveglio più tardi la notte in modo da poterti rilassare guardando un film. Sfortunatamente, questo riduce la quantità di sonno che dormi quella notte, il che può influenzarti il giorno successivo e renderti più difficile mantenere la concentrazione. Anche se ritieni di dover portare a termine un'attività quella notte, ti consigliamo di stabilire l'ora in cui andare a letto e di rispettarla in modo da assicurarti di dormire bene ogni notte, almeno dalle sette alle otto ore.

Meditazione

Una delle forme più popolari di controllo della mente è attraverso la meditazione. Come la maggior parte delle persone, una volta che inizi a meditare, troverai rapidamente i benefici che ti consentono di mantenere la concentrazione, controllare la tua mente, controllare le tue emozioni e migliorare la tua salute mentale ed emotiva, il che migliorerà ulteriormente la tua salute fisica. Esistono diversi tipi di meditazione e puoi concentrarti su qualsiasi tipo. Tuttavia, poiché è utile essere consapevoli quando si costruisce la propria autodisciplina, è meglio concentrarsi sulla meditazione della consapevolezza.

Puoi dedicare almeno dieci minuti ogni giorno alla meditazione. La maggior parte delle persone si concentra a fare questo al mattino poiché la meditazione aiuta a liberare la mente e ti rende più motivato per la tua giornata. Tuttavia, questo può essere difficile per alcune persone, soprattutto se ci sono bambini piccoli perché devi limitare le distrazioni in modo da poterti concentrare bene.

Molti genitori ritengono che sia meglio alzarsi mezz'ora prima del resto della famiglia in modo da poter dedicare del tempo alla meditazione. Per incorporare la meditazione consapevole nella tua vita, segui questi passaggi:

1.   **Trova un posto tranquillo dove non sarai interrotto**. Devi concentrarti sulla tua meditazione e non sul rumore che stai sentendo all'interno della tua casa. Ad alcune persone piace ascoltare musica di meditazione per aiutare a soffocare il rumore intorno a loro o nelle loro case. Ma non puoi ascoltare la musica a volume troppo alto perché questo può distrarti quando cerchi di meditare.

2.   **Trova un posto comodo per sederti o sdraiarti**. La chiave è stare bene, così puoi concentrarti sui tuoi pensieri e non sul fatto che la tua gamba si sta addormentando o che stai iniziando a sentirti a disagio.

3.   **Mantieni il tuo corpo dritto, senza diventare troppo rigido**. Assicurati che la colonna vertebrale abbia una curvatura naturale, questo ti manterrà a tuo agio e concentrato sul compito.

4.   **Assicurati che le braccia siano parallele alla parte superiore del corpo**. Puoi appoggiare le mani sulla parte superiore delle gambe.

5. **Ad alcune persone piace chiudere gli occhi mentre altre li terranno aperti.** Se tieni gli occhi aperti, non concentrarti su un oggetto.

6. **Inizia a concentrarti sulla respirazione.** Inizia respirando normalmente. Nota come si sente il tuo corpo quando inspiri ed espiri.

7. Dopo esserti rilassato, **fai alcuni respiri lenti e profondi** per aiutare il tuo corpo a rilassarsi completamente.

8. **Ad alcune persone piace "seguire" il proprio respiro.** Questo significa che visualizzano l'aria che entra dentro e fuori dai loro corpi. Alcune persone si spingono un po' 'più in là e immaginano che qualsiasi energia negativa lasci il loro corpo quando espirano e l'energia positiva entri nel loro corpo quando inspirano.

9. **Ad un certo punto, la tua mente smetterà di concentrarsi sul tuo respiro e inizierai a pensare a pensieri casuali.** Ad esempio, potresti pensare a cosa devi fare quel giorno, cosa devi prendere al supermercato, cosa devi preparare per cena, quali attività fanno i tuoi figli quel giorno, ecc.

10. **Riconosci ogni pensiero e poi lascia che esca dalla tua mente.** La chiave è iniziare a concentrarti sui tuoi pensieri.

11.   **Ogni minuto circa, dovresti rivolgere nuovamente la tua attenzione al tuo respiro** poiché questo ti impedirà di concentrarti su un pensiero troppo a lungo.

12.   Una volta che hai finito di meditare, **inizia dolcemente a riportare la mente a ciò che accade nella stanza.** Puoi farlo concentrandoti su un oggetto o ascoltando il rumore che senti all'interno della tua casa. Puoi tirarti fuori dalla tua foschia delicatamente, senza affrettarti. Cerca di mantenere quella sensazione di calma il più a lungo possibile.

Capitolo 6

Come addestrare la tua mente per il successo?

Come possono alcune persone ottenere migliori risultati nella loro vita personale e professionale rispetto ad altri? Questo problema ha travolto alcune delle menti più brillanti della cultura umana. Aristotele scrisse più di 2.300 anni fa che l'unico scopo della vita umana è essere soddisfatto. Disse che la domanda principale che ognuno di noi deve affrontare è: "Come possiamo vivere per essere felici? ". La tua disponibilità a porti e rispondere correttamente alla domanda - e poi seguire la tua strada - deciderà alla fine quando raggiungerai la tua soddisfazione e per quanto tempo. Inizia con una descrizione specifica di te stesso. Come immagini il successo per te? Se potessi muovere una bacchetta magica, e in qualche modo rendere migliore la tua vita, che aspetto avrebbe?

I segreti del successo

Il miliardario autodidatta più ricco del mondo, H.L. Hunt una volta è stato intervistato sui suoi "segreti del successo" da un giornalista televisivo. Ha risposto: "Ci sono solo tre condizioni per il successo.

Innanzitutto, determina esattamente cosa desideri nella vita. Secondo, decidi l'importo che spendi per ottenere le cose che desideri. E l'ultimo, ma l'alleato più critico, accetta di pagare il prezzo. " Il livello di motivazione è uno dei criteri essenziali per le prestazioni dopo aver determinato ciò che desideri. Gli individui di successo sono in grado di pagarne il prezzo, qualunque esso sia, e per tutto il tempo necessario, prima di ottenere i risultati desiderati.

Tutti necessitano di vincere. Tutti cercano di essere sicuri, contenti, snelli e ricchi. Ma la maggior parte delle persone non vuole pagarne il prezzo. Di tanto in tanto, potrebbero essere in grado di pagare una parte dell'importo, ma non vogliono pagare l'intera somma. Stanne alla larga. Hanno sempre una giustificazione pronta o una razionalizzazione per non punirsi per non aver portato a termine ciò che avrebbero dovuto fare per raggiungere i loro obiettivi.

Paga il prezzo

Come fai a sapere che hai pagato il prezzo per il tuo successo? È facile: guardati intorno. È arrivato! Vedrai quanto del prezzo hai pagato per il tuo risultato osservando il tuo attuale stile di vita e il tuo estratto conto.

Secondo la Legge di Corrispondenza, non puoi pensare di cambiare qualcosa sul piano fisico se prima di tutto non hai cambiato le tue vibrazioni sul piano spirituale, il mondo esterno rappresenta, come uno specchio, la persona che sei e il prezzo che paghi dentro. C'è una cosa affascinante riguardo al prezzo della ricompensa: è sempre pagabile per intero e in anticipo. La performance non è come un ristorante dove paghi dopo aver amato il pasto, ma lo descrivi. Forse è come un ristorante dove puoi scegliere quello che vuoi. Tuttavia, devi pagare per questo prima di acquistarlo. L'oratore motivazionale Zig Ziglar osserva: "L'ascensore è fuori servizio per lo spettacolo, ma le scale sono ancora accessibili".

L'idoneità mentale e fisica deve essere costante

Eccellere significa avere salute fisica. Si tratta di fare il bagno, lavarsi i denti e cucinare. Questo è qualcosa che continui a fare su base giornaliera, tutti i giorni. Quando inizi, non ti fermerai mai finché la tua vita e la tua carriera non saranno concluse e avrai ottenuto tutta la felicità che meriti. Non molto tempo fa, ero a Seattle, a tenere una conferenza.

Poco prima della fine, ho invitato gli spettatori a fare acquisti e ad ascoltare i profitti, della gestione del tempo e le prestazioni professionali dei miei servizi audio. Molte persone sono venute da me durante la pausa per chiedermi riguardo al materiale della conferenza. Un venditore si è fatto avanti e ha detto: "Devi dire loro tutta la verità quando li inviti ad acquistare i tuoi prodotti".

Ho chiesto: "Che cosa vuoi dire? "

Ha continuato suggerendo: "Negli spettacoli, non condividi tutta la verità. Dovresti dire alle persone che possono agire solo per un certo periodo di tempo, e che poi i prodotti smettono di produrre risultati".

Ho chiesto ancora una volta: "Cosa intendi?"

Ha detto: "Ok, sono venuto alla tua conferenza circa cinque anni fa e la tua spiegazione mi ha lasciato completamente persuaso. Ho comprato tutti i tuoi servizi e ho iniziato a imparare. Mi sono concentrato sui i risultati ogni giorno. E avevi ragione, ho aumentato i miei profitti nei seguenti tre anni, e sono stato il miglior produttore della mia azienda. Ma invece, il mio reddito si è ridotto, e nel corso degli ultimi due anni non è migliorato affatto. La verità è che dopo un certo periodo, i prodotti smettere di dare risultati. "

Poi gli ho detto: "Cosa ti è successo quando i tuoi profitti sono diminuiti e hanno smesso di crescere due anni fa? "

Scansionò la sua mente, pensò per un momento e poi disse: "Beh, ne ho venduti troppi, un'altra organizzazione mi ha assunto, ma il mio stipendio è rimasto invariato da quando ho iniziato la mia nuova carriera".

Gli ho detto: "come diversamente hai svolto il tuo lavoro attuale rispetto al tuo precedente impiego?"

Ha iniziato a rispondere, ma ha esitato.

Un'espressione di sorpresa cadde sul suo volto. Alla fine rispose: "Oh mio Dio! Ho smesso di farlo. Ho iniziato a leggere gli annunci perché ho cambiato lavoro. Ho smesso di ascoltare i servizi audio. Ho smesso di leggere. Non ho continuato e mai finito il programma! " Si allontanò, grattandosi la testa e borbottando: "Ho continuato a non farlo. Ho smesso di farlo, cavolo. " È come fare un allenamento fisico per diventare uno specialista nella tua professione, per migliorare costantemente le tue capacità, cosa a cui penserò nel Capitolo 5. Quando eviti di correre per un certo periodo di tempo, non stai raggiungendo lo stesso grado di forma. Stai tornando indietro. Il tuo corpo e i tuoi muscoli diventano più deboli e diminuiscono. Perdi la tua forza, la tua versatilità e la tua resistenza. Devi continuare a lavorarci ogni giorno, ogni settimana e ogni mese per farli funzionare a dovere.

Diventa ciò che puoi essere

C'è una giustificazione molto più significativa per te per esercitare l'autodisciplina che contribuisce ai grandi risultati che raggiungerai più avanti. L'esercizio di autodisciplina ti aiuta a migliorare il tuo atteggiamento, a diventare un essere umano più felice e più sano. L'esercizio dell'autodisciplina ha un forte impatto sulla tua mente e sui tuoi sentimenti, trasformandoti in un essere umano migliore piuttosto che in quello che diventeresti senza autodisciplina. Immagina di essere in una classe di chimica. In una capsula di Petri, unisci una raccolta di sostanze chimiche e le metti su un becco

Bunsen. Il becco Bunsen riscalda i composti nella misura in cui si cristallizzano e si induriscono. Ma se usi il calore estremo per cristallizzare questi composti, non possono essere trasformati in forma liquida. La tua personalità inizia come un liquido allo stesso modo: liscia, traslucida e senza struttura. Tuttavia, mentre aggiungi il calore dell'autodisciplina, quando cerchi di fare ciò che è impegnativo e importante piuttosto che piacevole e semplice, il tuo temperamento spesso si cristallizza e si indurisce a uno stadio superiore. Il più grande vantaggio che raccogli quando raggiungi le tue ambizioni mentre pratichi l'autodisciplina è che sei un nuovo individuo. Stai diventando sempre più risoluto. Ottieni un migliore autocontrollo e determinazione. In realtà, dai forma e migliori la tua personalità e ti sei trasformato in un essere umano più forte. La teoria è che per diventare qualcosa che non sei mai diventato prima; devi fare qualcosa che non hai mai fatto prima. Ciò implica che devi esercitare standard sempre più elevati di autodisciplina e padronanza di te stesso per costruire un carattere superiore. Devi fare le cose che le persone di solito non vogliono fare. Un'altra teoria di realizzazione è "per compiere ciò che non hai mai compiuto prima, avrai la necessità di sviluppare e migliorare le capacità che non hai mai avuto prima" Diventi un umano diverso praticando l'autodisciplina. Stai diventando più grande, più forte e descritto in modo più specifico. Aumenti i livelli di autostima, apprezzamento per te stesso e fiducia personale. Stai salendo la scala dello sviluppo umano e diventi un individuo con carattere e determinazione maggiori.

Il successo è la tua ricompensa

La cosa migliore del raggiungimento delle prestazioni è che qualsiasi mossa in quella direzione è di per sé soddisfacente. Ogni azione che intraprendi per essere un individuo più forte e per fare di più di quello che hai mai fatto prima può farti sentire felice, più a tuo agio e soddisfatto.Hai sentito prima, " niente riesce a motivare come un risultato." Tutto ciò che suggerisce la frase è che il miglior incentivo per le prestazioni non sono i soldi che guadagni, ma la persona migliore che diventi nel percorso per l'eccellenza e nella pratica dell'autodisciplina. Ecco alcune esercitazioni all'azione che puoi fare: Ora, prendi una penna e scrivi le risposte alle domande seguenti.

1. Quando il tuo lavoro e la tua vita lavorativa saranno perfetti, come ti sentirai? Quale abilità svilupperai per aiutarti?

2. Come sarebbe se la tua vita familiare fosse perfetta, e quale pratica ti permetterà di renderlo realtà?

3. Quando il tuo benessere è stato ottimo in tutti gli aspetti, quali pratiche hanno reso possibile tutto questo?

4. Se le tue condizioni finanziarie oggi fossero perfette, quali abilità avresti che ti sarebbero davvero utili?

5.   In che modo non sei efficace come vorresti essere e quale abilità ti aiuteranno meglio a raggiungere tutti i tuoi obiettivi?

6.   Quale abilità svilupperai che ti aiuterà a raggiungere più obiettivi?

7.   Se si potesse agitare una bacchetta magica, quale maggior beneficio sceglieresti per la tua vita?

Capitolo 7

Come allenare la tua memoria?

Per migliorare la memorizzazione delle informazioni, è necessario allenare il muscolo della memoria. Il modo più semplice per farlo è attraverso la ripetizione.

Più usi il muscolo della memoria, più forte diventerà e più facile sarà ricordare le cose.

Ecco alcuni suggerimenti per aiutare la tua memoria:

> • **Comprendi come funziona la tua memoria.** Il tuo cervello può contenere circa sette informazioni contemporaneamente e solo queste puoi ricordare.
> • **Fai qualcosa utilizzando la mano non dominante** tipo scrivere o lavarti i denti con la mano sinistra (se sei destro o viceversa)
> • **Stimola gli altri sensi oltre la vista** prova a riconoscere gli oggetti ad occhi chiusi, la vista è il senso più potente, ma poiché è il più usato a volte si adagia, usando gli altri sensi attivi aree cerebrali specifiche

• **La capacità di esercitare l'autodisciplina è fondamentale nella vita.** La disciplina necessaria da allenare non è diversa. Non lasciare che i tuoi allenamenti diventino un lavoro ingrato o un peso, poiché ciò ostacolerà i tuoi progressi e ti impedirà di raggiungere i tuoi obiettivi. È importante sapere come allenare la memoria per il futuro. Quando hai difficoltà a ricordare nomi, luoghi, appuntamenti, numeri di telefono e altre informazioni, può essere frustrante e stressante.

• **La memoria è un'abilità che può essere migliorata attraverso l'allenamento.** I neuro scienziati hanno scoperto che il cervello utilizza due diversi tipi di memoria: memoria sensoriale e memoria a lungo termine.

• **Fai esercizi di velocità mentale** scarica una app per l'allenamento mentale e fai esercizi di memoria visiva, memoria per le parole, per i numeri e reazione allo stimolo

• **Fai esercizio fisico** pare che aiuti a sviluppare la crescita neuronale all'interno dell'ippocampo

• **L'autodisciplina non è sinonimo di forza di volontà.** È la capacità di fare ciò che deve essere fatto anche quando non ne hai voglia. Uno dei modi migliori per allenare la tua memoria è usare i "palazzi della memoria". Questo è quando crei un luogo mentale nella tua testa dove puoi immagazzinare tutto ciò che devi ricordare

Il modo migliore per allenare la tua memoria è usare le flashcard e farle ogni giorno. Ci sono molti diversi tipi di flashcard, non sono altro che fogli di carta (o elettronici) dove su un lato c'è una domanda e sull'altro lato la risposta relativa. Leggi la domanda, rispondi, giri la carta e guarda se hai risposto bene e con quale accuratezza, semplice.

Capitolo 8

Come avere un fisico brillante?

Iniziare il viaggio dell'autodisciplina può essere piuttosto semplice, ma rimanere impegnati nel percorso dopo aver iniziato può essere impegnativo. La maggior parte delle persone scopre di avere una grande quantità di energia, impegno e motivazione per iniziare con qualcosa di nuovo all'inizio, ma con il passare del tempo si trovano a lottare per rimanere motivati e impegnati. Ciò accade perché, nel tempo, il tuo cervello vuole tornare a impegnarsi nelle tue attività abituali piuttosto che nelle nuove attività che stai cercando di introdurre. Quelle attività abituali sono automatiche, sembrano facili e sono nella tua zona di comfort e familiarità, queste sono tutte cose che il tuo cervello ama fare. Quando ti ritrovi a essere trascinato indietro verso quelle abitudini, questo è il momento in cui hai davvero bisogno di appoggiarti alla tua autodisciplina. Questo è il momento in cui devi concentrarti ancora di più sull'andare avanti con la tua nuova disciplina in modo da poter andare oltre le tue abitudini e creare nuove abitudini più sane che ti supportino nella creazione dello stile di vita che desideri effettivamente vivere. Più pratichi queste nuove abitudini autodisciplinate, più sarà facile e più ti adatterai al tuo modo di vivere scelto piuttosto che al tuo modo di vivere automatico.

L'inevitabile realtà del fallimento

Quando hai paura di fallire, o quando hai affrontato il pungiglione di un fallimento, può essere facile incontrare resistenza e ritrovarti a voler tornare a fare le cose "alla vecchia maniera". Il fallimento può lasciarti con una serie di sentimenti travolgenti che vanno dal rifiuto e l'imbarazzo alla delusione e alla frustrazione. Quando inizi a sentirti in questo modo, potresti sentire il bisogno di aggrapparti a ciò che prima ti faceva sentire a tuo agio in modo da non essere più esposto a quei momenti dolorosi. La realtà è che il fallimento è doloroso solo se glielo permetti.

Sì, anche quando hai una prospettiva più sana sul fallimento, è probabile che provi sentimenti come imbarazzo, rifiuto, delusione e frustrazione. Tuttavia, coloro che sono disciplinati hanno imparato a stabilire un limite di tempo in cui sono disposti a lasciarsi travolgere da quei sentimenti e hanno deciso invece di trovare un modo per permettere a se stessi di andare oltre quei sentimenti, dopo che quel tempo limite è passato. Non appena questo lasso di tempo sarà trascorso, queste persone inizieranno a indagare sul motivo del fallimento, su cosa possono imparare da esso e su come applicare queste lezioni per crescere e fare meglio in futuro.

Riconoscere che il fallimento è inevitabile non significa che non possa accadere, ma ti permetterà di prepararti mentalmente e fisicamente al fallimento quando e se si verificherà. Inoltre, adattare la tua mentalità al fallimento nella fase iniziale può consentirti di vedere le cose in modo diverso, in modo da non avere così paura che il fallimento possa accadere in futuro. Se pianifichi in anticipo e decidi di prendere il controllo della situazione, il fallimento non sarà così doloroso. L'importante è capire gli errori e rialzarsi.

Concediti il tempo per sentire

Quando stai attraversando momenti di resistenza o fallimento, una delle cose più importanti che puoi fare per te stesso è sentire i sentimenti che accompagnano la situazione in cui ti trovi. Le persone autodisciplinate non hanno raggiunto un punto dove sopprimono i loro sentimenti e si astengono dall'impegnarsi in qualsiasi esperienza basata sull'emotività. In effetti, chiunque lo faccia dovrebbe riconoscere che questo non è un sintomo di autodisciplina ma piuttosto un sintomo di una mancanza di autodisciplina. Ciò significa non sapere cosa fare con il proprio stato emotivo. Quando ti dai il tempo per sentire attraverso le cose, è importante farlo in modo auto-disciplinato e costruttivo. Per cominciare, non dovresti mai provare le tue emozioni al punto da perdere il controllo di te stesso e iniziare ad agire sulle tue emozioni in modo malsano. In questo modo si creeranno col tempo sentimenti di resistenza, vergogna e delusione, che potrebbero perpetuare il flusso e renderlo ancora peggiore. Trova i modi per vivere le tue emozioni in modo sano e produttivo senza causare tanto dolore nella tua vita e nel tuo cuore. Successivamente, devi assicurarti di avere una regola su quanto tempo ti permetti di affrontare le emozioni. In caso di fallimento, dovresti sempre dedicare da un paio d'ore per un giorno o due per affrontare le tue emozioni. Quindi, dovresti decidere di andare avanti con la tua prossima linea di condotta. In questo modo, hai tutto il tempo per affrontare i tuoi sentimenti, ma non ti ritrovi intrappolato in quei sentimenti nocivi o non ti soffermi sulle cose che non sono importanti.

Crea un piano all'interno del tuo piano

Quando ti ritrovi a sperimentare resistenza o ad affrontare il fallimento, avrai bisogno di trovare un modo per superarlo. Le persone spesso smettono quando incontrano resistenza perché si rendono conto che il piano che hanno messo in atto non funzionerà per loro, quindi, invece di riprovare, ammettono la sconfitta e issano bandiera bianca. Piuttosto che sventolare la bandiera bianca della sconfitta al primo segno di problemi, usa questa opportunità per esercitarti ad essere flessibile e ad adattarti agli imprevisti. Ogni volta che ti trovi di fronte a notevoli resistenze, fallimenti o ostacoli sul tuo percorso, crea un piano all'interno del tuo piano. Oppure, in altre parole, considera qual era il tuo obiettivo e decidi cosa farai come "Piano B" per andare avanti verso dove vorresti essere. Consentire a te stesso di andare avanti con un Piano B significa superare qualsiasi resistenza e continuare a fare progressi verso i tuoi obiettivi. Solo perché pensavi di fare le cose in un modo, e in quel modo non hanno funzionato, non significa che non puoi continuare ad andare avanti nella tua vita. Puoi continuare a fare progressi, permettendoti di essere adattabile, flessibile e di decidere che il tuo desiderio di raggiungere i tuoi obiettivi è più grande di qualsiasi ostacolo che potrebbe essere posto sul tuo cammino. Sei più forte di così e la tua capacità di adattarti e andare avanti è più potente di quanto pensi. Continua a praticare questa flessibilità e adattabilità ogni volta che ne hai bisogno e, prima che te ne accorga, ti sarà facile pensare a come mantenere la rotta di fronte ai problemi, perché farlo ti verrà naturale.

Ricordati perché hai iniziato

Uno dei motivi per cui potresti perdere slancio e incontrare resistenza quando stai cercando di apportare un cambiamento, aumentando la tua autodisciplina, è che non ti stai impegnando abbastanza per ricordare per quale motivo hai iniziato questo percorso. Ogni volta che stabilisci un obiettivo di qualsiasi varietà, indipendentemente da quanto grande o piccolo sia tale obiettivo, devi fare tutto il possibile per mantenerlo in primo piano. In primo luogo ricordati il perché hai iniziato, questo può darti energia, ispirazione e slancio, allo stesso modo in cui ti ha dato le stesse emozioni quando hai iniziato il viaggio per apportare cambiamenti.

Idealmente, dovresti cercare di ricordare a te stesso perché hai iniziato tutte le volte che puoi, indipendentemente dal fatto che tu stia provando o meno resistenza all'azione. E' importante tenere le schede delle tua visione vicine e impegnarti regolarmente nella visualizzazione, è una grande opportunità per rimanere concentrato su ciò a cui stai lavorando, in modo da poter continuare ad aumentare il tuo slancio nel tempo. Mentre pensi a quanto sarà eccitante il risultato finale e continui a vedere te stesso progredire verso di esso, quell'obiettivo diventa più significativo per te e inizi a capire che diventerà effettivamente una realtà se mantieni la rotta. Di conseguenza, è molto più probabile che continui a lavorare per raggiungere questo obiettivo.

Quando ti accorgi di provare resistenza o di provare dubbi o negatività verso il tuo obiettivo, questo è il momento in cui devi fare tutto il possibile. Una persona con autodisciplina non lascia che cose come il dubbio e la negatività aumentino perché sa che questi sentimenti aumenteranno solo la resistenza all'azione e le impediranno di progredire verso i propri obiettivi. Piuttosto che permettere che ciò accada, si concentrano sul circondarsi di ancora più elementi visivi e di ispirazione che ricordano loro il motivo per cui hanno iniziato. In questo modo si esporranno al promemoria così tanto che ricostruiranno lo stesso livello di eccitazione dell'inizio e poi lo useranno per muoversi di nuovo verso i loro obiettivi.

Decidi di rimanere sulla buona strada

Se hai provato di tutto e ti senti ancora in uno stato di resistenza interna, a volte la cosa migliore che puoi fare è decidere di rimanere in pista anche se non ne hai voglia. Se riesci a vedere che i tuoi sforzi in qualche modo ti stanno ripagando e che stai facendo progressi verso i tuoi obiettivi, continua ad andare avanti anche quando non ci sei veramente dentro. Più continui ad andare avanti, prima torneranno la tua ispirazione e il tuo slancio, e vedrai quella resistenza svanire, permettendoti di andare avanti con tutta la forza che avevi all'inizio. La verità è che il perseguimento dei tuoi obiettivi non sarà sempre così eccitante come in quelle fasi in cui sei pieno di slancio e ispirazione, e sembra che tutto ciò che devi fare è solo lavorare verso quell'obiettivo specifico. A volte, il perseguimento dei tuoi obiettivi ti sembrerà tranquillo, noioso o anche un po' banale, ti rendere conto che non tutti i giorni possono essere così eccitanti e ottimisti. Questo non significa che non sarai di nuovo eccitato e ottimista a breve, né significa che hai perso la passione per il tuo lavoro, significa semplicemente che sei umano e stai attraversando emozioni diverse in quel momento.

Se ti accorgi di sentire una profonda mancanza di passione verso il tuo obiettivo per molto tempo, nessuna voglia di andare avanti, e non riesci a tornare in di nuovo in uno stato di eccitazione, allora puoi iniziare a riconsiderare se questo è l'obiettivo giusto per te da perseguire. A quel punto, potresti scoprire di aver bisogno di un sottile cambiamento nel modo in cui lo persegui, oppure potresti scoprire che la tua passione ora si trova altrove e che devi cambiare la tua visione. Va bene cambiare, purché continui a esercitare la disciplina e non cambi il tuo percorso prima di essere assolutamente certo che questo è ciò che vuoi fare.

Capitolo 9

Come mantenere un'autodisciplina quotidiana?

L'organizzazione e la gestione del tempo sono i principali pilastri dell'autogestione. Per diventare disciplinato, devi essere organizzato ed essere spietato con il tuo tempo. La procrastinazione dovrebbe essere il nemico numero uno che devi evitare.

Per autogestirsi efficacemente, usa il tuo tempo in modo efficiente: lavora in modo più intelligente, non lavorare di più. Molte persone lanciano spesso questo mantra. Eppure finiscono per essere sopraffatti, sovraccaricati e oberati di lavoro.

Allora cosa significa veramente "lavorare in modo più intelligente"? Se vuoi davvero lavorare in modo più intelligente, dai un'occhiata alle tue attività quotidiane e inizia a imparare a dare loro la priorità. Oppure, se necessario, passali ad altri. Se può essere fatto entro quindici minuti, fallo ora. Se ci vorrà più tempo, pianificalo e stabilisci le priorità. Lavorare in modo più intelligente significa lavorare con persone più intelligenti di te. Nessun individuo è un'isola. Assumi o cerca i servizi di persone più qualificate di te in determinate aree. Lavorare in modo più intelligente significa controllare le tue abitudini. Ogni giorno devi essere positivo riguardo alle tue azioni. Una persona disciplinata ha sempre il controllo, è responsabile e un buon manager del tempo.

Lavorare in modo intelligente significa prendere le cose una alla volta. Il multitasking pesante non si traduce necessariamente in una maggiore produttività. Il fatto è che sei molto più produttivo se organizzi la tua giornata, calcoli una lista di cose da fare e dai la priorità alle tue attività e ti concentri su una alla volta.

Lavorare in modo intelligente significa rallentare un po'. Ti senti sopraffatto? Perché non rallentare e pensare a un approccio migliore al progetto? Solo pochi minuti di time-out possono aiutarti a vedere l'effetto delle tue azioni.

Lavorare in modo più intelligente significa lavorare più velocemente con meno distrazioni. Internet, in particolare i social media, è una trappola di perdita di tempo anche per i lavoratori più disciplinati. Controlla te stesso e controlla la tua dipendenza. Lavorare in modo più intelligente significa seguire i tuoi compiti. Certo, suona come un sacco di lavoro, ma potresti ridurre le questioni in sospeso che potrebbero causare problemi lungo la strada.Lavorare in modo più intelligente significa sostenere il lavoro di squadra. Quando le menti positive lavorano insieme e combinano i punti di forza, lavorano in modo più intelligente.

Lavorare in modo più intelligente significa valorizzare il proprio tempo. Se qualcun altro può svolgere un'attività di scarso valore in modo più economico e migliore di te, puoi delegarla tranquillamente. Se ogni secondo del tuo tempo di lavoro non è responsabile in modo produttivo, stai facendo qualcosa di sbagliato. Lavorare in modo più intelligente significa sfruttare la tecnologia e l'automazione. Per fortuna, ogni settore o azienda ha una piattaforma tecnologica. Risparmia tempo per attività più importanti automatizzando quelle noiose. Ricorda di essere sempre alla ricerca delle ultime novità tecnologiche.

Infine, lavorare in modo più intelligente significa avere dei piani definiti. Un'organizzazione efficace dovrebbe essere la tua parola d'ordine se desideri maggiore efficienza.

Elimina le perdite di tempo

Nel tuo tempo libero puoi veder svanire il tuo sogno o realizzarlo. Devi dedicare tempo per raggiungere lo scopo della tua vita. Il tempo è una risorsa scarsa che la maggior parte delle persone dà per scontata. È ora che tu lo riprenda.

Guarda lo stile di vita dei vincitori. Scoprirai che trascorrono una quantità irragionevole di tempo lavorando per gli obiettivi necessari per realizzare il loro sogno. Non li troverai a litigare per ore sui social media, ad andare al bar intorno a mezzanotte di mercoledì o a guardare la TV tutto la sera.

Il fatto è che nulla che vale la pena impegnarsi può essere fatto rapidamente. Anche se abbiamo tutti lo stesso numero di ore in un giorno, ciò che facciamo con il nostro tempo è diverso. Ad esempio, cosa fai quando torni dal lavoro? Tra quel tardo pomeriggio e prima di andare a dormire, che tipo di perdite di tempo ti rubano la produttività? Diventi un teledipendente o nutri la tua dipendenza dai social media?

L'antidoto alla perdita di tempo è il sacrificio. Inizia a rinunciare ad attività che non producono risultati che porteranno a realizzare il tuo sogno. O almeno riducile a livelli ragionevoli. Vai a letto prima. Non rispondere sempre ai messaggi sui social media. Fai telefonate con blocco temporale. Abbandona la TV. Il tuo tempo è troppo prezioso per la maggior parte di questi perditempo.

Hai abbastanza tempo per avere successo. Ogni minuto sprecato si somma in ore che avrebbero potuto essere utilizzate per svolgere attività produttive per realizzare sogni.

Le perdite di tempo sono ovunque e possono anche essere persone. Evita le persone che interrompono sempre le tue ore produttive con conversazioni inutili. Non si tratta di essere antisociali; è sapere cosa vuoi.

Tutto quello che hai è il tempo. Guarda oltre le tue nove meno cinque e sfruttale al meglio. Invece di oziare durante il fine settimana, perché non iniziare un corso online, scrivere un libro, intraprendere una vocazione o semplicemente seguire il tuo hobby.

Decidi oggi di lavorare sulle tue ventiquattr'ore. Scrivi un elenco delle tue attività settimanali e identifica gli elementi che non hanno alcun impatto positivo sui tuoi sogni, cose che non ti danno soddisfazione e gioia. Dopo aver creato questo elenco, inizia a cronometrare ciascuna attività.

Naturalmente, non tutto ciò che fai deve orientarsi verso il tuo sogno. Chiaramente, hai la famiglia, i lavori domestici, ecc., In cui devi impegnarti. L'obiettivo di questo esercizio è scoprire cose inutili come la TV, i social media, le chiacchiere, ecc. E quindi limitarle o eliminarle.

Prendi una decisione consapevole di rendere il tempo il tuo migliore amico convogliandolo nuovamente verso il tuo sogno.

Decidi le priorità sulle tue attività, focalizzarsi su un compito alla volta e passare al successivo solo se il precedente è stato portato a termine al 100%:

1- **Attività veramente importanti**, se completiamo oppure no questo tipo di attività ci saranno conseguenze serie
2- **Attività che dovremmo fare**, ci saranno conseguenze se vengono portati a termine o no.
3- **Attività che ci piacerebbe fare**, ci piacerebbe farne tante ma non hanno conseguenze
4- **Attività che possiamo delegare,** a qualcun altro
5- **Attività da diminuire**

Riflessione su se stessi

Per gestire te stesso, devi guardarti con calma e onestà. Devi riflettere su te stesso: dedica del tempo a valutare i tuoi pensieri e sentimenti. Guardati allo specchio e descrivi quello che vedi. La verità è che la vita cerca sempre di mantenerti in una routine "comoda". È solo quando rifletti, puoi rivedere l'efficacia delle tue qualità interne e gestirle. Uno o due minuti di valutazione silenziosa possono fare molto per dare quel tanto necessario calcio d'inizio per vincere nella vita. Ma ricorda che l'auto-riflessione non è completa senza l'auto-consapevolezza. La vera auto-riflessione arriva con la consapevolezza della tua personalità, delle tue debolezze e dei tuoi punti di forza, delle tue convinzioni e dei tuoi pensieri, delle tue motivazioni e delle tue emozioni.

Crea una mappa termica personale per l'auto-riflessione

Il concetto di mappatura termica personale è semplice: assegna tre diversi codici colore agli aspetti più cruciali della tua vita:

- **Verde:** tutto bene.
- **Giallo:** margini di miglioramento.
- **Rosso:** molto brutto.

Il punto centrale di una mappa termica personale è l'auto-riflessione e la consapevolezza di sé. Per gestire te stesso, devi fare un passo indietro e valutare dove sei nella vita e dove vuoi andare. È come fare un bilancio di ogni singola area della tua vita, delle tue distrazioni e dei tuoi obiettivi.Una mappa termica personale ti consente di vedere il quadro più ampio con maggiore obiettività. In questo modo puoi elaborare piani realistici per raggiungere i tuoi obiettivi, migliorare le aree trascurate della tua vita e perseguire cose che portano soddisfazione.

È fondamentalmente un rapporto sul tuo stato d'animo. Uno strumento visivo che puoi utilizzare per scomporre quegli aspetti apparentemente complicati della tua vita in codici colore. Un elenco che non mostra solo i tuoi punti di forza e di debolezza, ma fornisce anche un invito all'azione su come agire di conseguenza.

Ricorda di fare un lungo elenco delle aree importanti della tua vita. E mentre tieni tutto elencato sii onesto con te stesso, però.

Considera come trascorri il tuo tempo. Monitorare la produttività, l'efficacia, le competenze, l'educazione, la salute, le finanze, il livello di forma fisica, il carattere, le relazioni (con il significato di altre persone, gli amici, e la famiglia), le condizioni di vita, la creatività, il livello di energia, la carriera, la vita spirituale, ecc.

Comprendi bene i tuoi codici colore e inizia a valutare te stesso. Se pensi di non poter essere totalmente sincero con la tua valutazione, chiedi a un familiare o un amico fidato di aiutarti.

Una volta che hai capito dove menti, puoi decidere dove vuoi essere. Ad esempio, se la mappa termica personale mostra che sei in sovrappeso (il tuo stato di salute è contrassegnato da un codice colore rosso), inizia a fare piani per perdere peso.

Un piano d'azione è il tuo prossimo passo: modifica la tua dieta attuale e inizia a mangiare sano, prendi un tapis roulant e fai una passeggiata di trenta minuti ogni mattina presto. Bevi più acqua. Vai in palestra, oppure consulta un professionista del fitness, ecc.

E mentre stai portando avanti il tuo piano d'azione, continua a valutarti con la mappa termica personale lungo il percorso. Mentre lo fai, sarai in grado di monitorare i tuoi progressi e apportare le modifiche necessarie.

Infine, mentre ci si concentra sul miglioramento dei "rossi" e "gialli" nella tua mappa personale, tenere d'occhio anche i "verdi".

Capitolo 10

Come sviluppare la forza di volontà?

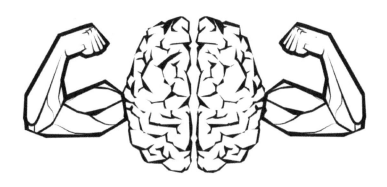

La forza di volontà è un muscolo

La forza di volontà è un muscolo che deve essere esercitato. Se non lo usi, diventa debole. Quando lo eserciti, si rafforza, ma può essere sovraccaricato di lavoro; è quindi importante ricordare di consentire al muscolo di recuperare. Durante uno studio, è stato detto a dei soggetti di non pensare a un orso bianco. Dopo un po' di tempo, i partecipanti sono stati istruiti a limitare l'assunzione di birra durante un test di assaggio, perché subito dopo ci sarebbe stato un test di guida. I partecipanti alla degustazione di birra che avevano svolto il compito dell'orso bianco hanno bevuto sostanzialmente più birra rispetto ai partecipanti che non avevano preso parte all'esercizio di soppressione del pensiero. Allo stesso modo, in uno studio diverso, metà dei partecipanti è stata istruita a sopprimere i propri sentimenti mentre guardava un film emozionante. All'altra metà dei i partecipanti era stato detto che erano liberi di reagire al film. Dopo il film, un test fisico per misurare la resistenza ha mostrato che coloro che avevano soppresso i loro sentimenti avevano resistito meno rispetto alle persone che non lo avevano fatto. In un terzo (ma anche simile) studio, alcune donne avevano visto un documentario in una stanza in cui c'erano delle ciotole di caramelle, le donne erano state istruite a non mangiarle. Alcune donne sedevano vicino alle ciotole, mentre altre erano sedute lontano. Dopo la fine del film, le donne sono state istruite a risolvere enigmi incredibilmente difficili. Le donne che si erano sedute vicino alle caramelle durante il film si sono arrese molto più rapidamente rispetto alle donne che erano state sedute più lontano dalle caramelle. Resistere alle caramelle vicine aveva richiesto così tanta energia che non ce n'era abbastanza per completare il compito del puzzle. È molto probabile esaurire la tua riserva di forza di volontà, quindi è fondamentale rafforzarla.

Costruire la tua forza di volontà

La forza di volontà è un muscolo che dovrebbe essere esercitato regolarmente con un ampio riposo. Se si sapeva di dover portare dei mobili fuori casa nel pomeriggio, non si avrebbe dovuto fare il sollevamento pesi la mattina in palestra. Sai che i tuoi muscoli sarebbero eccessivamente esausti ed è quasi impossibile eseguire bene un lavoro fisico quando sei così affaticato. Lo stesso vale per la forza di volontà. Esercitare l'autocontrollo è un modo sano e positivo per sviluppare la forza di volontà, ma devi ricordarti di prenderti delle pause. Se hai mai praticato uno sport, potresti aver parlato con un allenatore di zone di crescita e zone di comfort. Ad esempio, potresti sentirti a tuo agio a correre cinque chilometri senza doverti fermare. Per spostarti dalla tua zona di comfort alla tua zona di crescita, potresti spingerti a correre per sei chilometri. Questo è più efficace quando si alternano le due zone perché rimanere nella propria zona di comfort porterà al ristagno, mentre spingersi sempre nella zona di crescita potrebbe portare a fatica o lesioni.

Visualizzazione

Usare la tua immaginazione può essere un metodo potente per aumentare e sviluppare la tua forza di volontà. Il tuo corpo ha risposte alle situazioni che stai vivendo; in realtà risponde in modo simile anche quando immagini quell'esperienza. Questo può funzionare in entrambi i modi. Ad esempio, se visualizzi di perdere il treno o di presentarti impreparato a un incontro importante, il tuo corpo reagirà con tensione e disagio. Se visualizzi di sdraiati su un'amaca su una spiaggia, ascoltando le dolci onde e gli uccelli marini, annusando il sale nell'aria, il tuo corpo risponderà con il relax. Si può (e si dovrebbe) approfittare di questo quando si sta sviluppando la forza di volontà.

I ricercatori e gli esperti di forza di volontà John Tierney e Roy Baumeister hanno condotto uno studio sulle voglie di dolci. I soggetti sono stati istruiti a guardare un film, sapendo che c'era una ciotola di cioccolatini nelle vicinanze. Ai partecipanti è stata detta una delle tre cose:

1. Immagina di aver deciso di mangiare tutto il cioccolato che desideri.
2. Immagina di aver deciso di mangiare del cioccolato.
3. Immagina di aver deciso di mangiare del cioccolato più tardi.

Non sorprende che i partecipanti al gruppo A abbiano mangiato più cioccolato rispetto ai partecipanti degli altri due gruppi. Inoltre, i partecipanti al gruppo C hanno mangiato sostanzialmente meno cioccolato rispetto ai partecipanti ai gruppi A e B. Quando hanno risposto a un'e-mail il giorno successivo, i membri del gruppo C hanno persino affermato di non desiderare i dolci come si aspettavano. Con lo strumento di visualizzazione, puoi essenzialmente convincerti che qualcosa è vera (che non sei ansioso, che non vuoi una seconda fetta di torta, che ti fumerai una sigaretta dopo, ecc.).

Reindirizzare i tuoi pensieri

Proprio come puoi visualizzare te stesso mentre fai scelte diverse o ti metti in circostanze più positive, puoi anche distrarti pensando a qualcos'altro.

Puoi condizionare il tuo cervello a cambiare marcia se pensi costantemente a qualcos'altro quando sorge la tentazione. Ad esempio, se il tuo obiettivo è smettere di fumare, probabilmente pensi di fumare una sigaretta più volte al giorno. Ogni volta che ti viene in mente questo pensiero, dovresti immediatamente iniziare a pensare a qualcosa di estraneo, come rilassarsi su una barca a vela. Se lo fai abbastanza, il tuo cervello inizierà a farlo automaticamente. Sei tu a comandare e dovresti scegliere un pensiero distraente che ti attrae. Ogni volta che emerge un pensiero indesiderabile, sostituiscilo con quello piacevole che hai scelto. Come Fyodor Dostoevskij scrisse in *Note invernali in Impressioni estive* nel 1863, "Prova a eseguire questo compito: non pensare a un orso polare, e vedrai che sarà la prima cosa maledetta che ti verrà in mente ogni minuto." Si ricorderà dal capitolo 7, i partecipanti di Mischel nella prova delle caramelle che ritardando la loro gratificazione hanno trovato il successo distraendo se stessi.

Sviluppare buone abitudini

Lo stress può avere effetti dannosi sul tuo corpo e può assolutamente diminuire la tua forza di volontà. Quando sei stressato, hai la tendenza a ricadere nelle vecchie abitudini, indipendentemente dal fatto che queste abitudini siano positive o meno. Di solito non è una decisione consapevole farlo; piuttosto, lo stress ci fa desiderare il comfort. Le vecchie abitudini che sono profondamente radicate in noi rappresentano una sorta di zona di comfort. Ogni volta che ricadiamo nelle vecchie abitudini, le rafforziamo. Immagina di avere una grande presentazione di lavoro questa settimana e la tua possibilità di essere promosso dipende esclusivamente dal tuo rendimento. Questa è, ovviamente, una circostanza molto stressante che è ad alto rischio, vista l'alta ricompensa. Il tuo corpo risponderà automaticamente allo stress aumentando il cortisolo, che è un ormone dello stress.

Potresti voler mangiare cibi ricchi di carboidrati o alcol perché abbassano i livelli di cortisolo e ne riducono gli effetti. Il problema è che i rischi a lungo termine (alcolismo, obesità, diabete, malattie cardiache, ecc.) superano di gran lunga il beneficio temporaneo che poche pinte di birre o un gelato possono offrire. Quando rispondiamo ad un aumento del cortisolo con le cose che sono insalubri o nocive, garantiscono un breve beneficio, ma la prossima volta, sarà più facile scivolare e tornare a quelle abitudini non sane.

Quali sono alcuni modi sani per affrontare l'aumento del cortisolo che è il risultato dello stress? Dipende da te, ci sono molti modi per rispondere allo stress, tra cui:

- Visualizzare un ambiente calmo.
- Scrivere in un diario.
- Ascoltare la musica.
- Meditare.
- Fare esercizio fisico moderato.
- Parlare con un amico.

Se conosci dei modi per metterti di buon umore (ad esempio, guardando video divertenti o ascoltando la tua canzone preferita), mantieni questa strategia nel tuo arsenale. Uno stato d'animo positivo può contrastare gli effetti della diminuzione della forza di volontà. Se costruisci queste abitudini nel tempo, diventeranno risposte più naturali.

Gestire i tuoi obiettivi

È comune per le persone rinunciare ai propri obiettivi quando sembrano opprimenti; l'idea può essere troppo scoraggiante anche solo a pensarci. Se suddividi il tuo obiettivo in parti più piccole e più gestibili, è molto più probabile che tu abbia successo. Può sembrare troppo se guardi tutto in una volta; tuttavia, fare un passo alla volta è fattibile e controllabile (come già ampiamente detto nel capitolo 4).

Essere se stessi e conoscere se stessi

Se dedichi tempo o energia a sopprimere la tua vera personalità o le tue preferenze, questo ti lascerà con un carburante inadeguato per la tua forza di volontà. Se ti impegni per compiacere gli altri, stai sprecando la tua preziosa energia. Se rimani fedele a te stesso e rimani autentico con i tuoi obiettivi personali, avrai l'energia e la chiarezza per utilizzare efficacemente la tua forza di volontà. Lo psicologo Mark Muraven spiega che "fare i piaceri alle persone" si sta manifestando in un disservizio verso se stessi. Le persone che si sentono a proprio agio nella propria pelle e si sentono sicure di se stesse, hanno un vantaggio perché possono concentrare i loro sforzi sul raggiungimento dei loro obiettivi. La consapevolezza di sé permette di fare molta strada. Se sai che hai difficoltà a controllare i tuoi impulsi quando il gelato è prontamente disponibile, non tenerne nessuno in casa. Se sai che le grandi folle scateneranno la tua ansia e il disturbo del controllo degli impulsi, non fare la spesa in un pomeriggio del fine settimana. Conosci i tuoi punti di forza e di debolezza ed evita le situazioni che sai per certo esauriranno la tua forza di volontà. Certo, qualche tentazione è inevitabile, ma puoi escogitare un piano per affrontare queste situazioni. Lo psicologo sociale Roy Baumeister spiega: "Le persone con bassa forza di volontà lo usano per uscire dalle crisi. Le persone con alta forza di volontà lo usano per non entrare in crisi". Sii onesto con te stesso.

Quando i tempi si fanno duri

Come accennato prima, devi avere abbastanza energia per alimentare la tua forza di volontà. È importante dormire a sufficienza; altrimenti, non sarai in grado di rimanere concentrato e acuto per affrontare gli ostacoli durante il giorno. Non cambiarti troppo! Se ti senti esausto nel pomeriggio, opta per un pisolino invece di una scossa di caffeina. Il tuo corpo ha bisogno di tempo per riposare.

È importante anche controllare la glicemia. Se è bassa, lo sarà anche la tua forza di volontà. Anche se stai limitando la quantità di zucchero che consumi, mangiare qualcosa di dolce può aiutarti a mantenere la tua forza di volontà. Studi presso la Florida State University hanno dimostrato che una bevanda ricca di glucosio ha aiutato i partecipanti a mantenere la loro forza di volontà e autocontrollo quando era il momento di svolgere le attività. Un po' non di più, però; mantieni le tue porzioni di dimensioni moderate.

In un modo o nell'altro, raggiungiamo tutti il punto in cui la nostra forza di volontà è stata esaurita. Il tentativo di costringerti a fare gli straordinari non farà che bruciarti di più. Invece, apporta modifiche nelle aree che puoi controllare. Metti la tua borsa da ginnastica e le scarpe da ginnastica davanti alla porta per la mattina. Tieni i dolci fuori casa. Trasferisciti in un ambiente diverso se sei tentato di rilassarti sul divano e guardare la televisione per ore.

Ricorda che nessuno è perfetto. Tutti hanno giorni che sono meno che stellari. Tutti inciampano. Tutti retrocedono. Anche quando i nostri obiettivi sono veramente importanti per noi, sbagliamo perché siamo umani. Sii paziente con te stesso e non stressarti per questo. Concentrati sul fatto che hai svolto un lavoro fantastico in molti giorni e hai il diritto di trascorrere una giornata che non è delle tue migliori. Mantieni il tuo ottimismo, perché faciliterà sempre lo sviluppo di sane abitudini e la costruzione di una grande forza di volontà.

Capitolo 11

Come aumentare la fiducia in se stessi?

Un fattore da ricordare è che mentre lavori sulla tua autodisciplina, anche se è solo in un'area della tua vita, stai naturalmente migliorando la tua autostima. Una volta che hai costruito la tua autostima in un'area della tua vita, inizierai a sentirti più sicuro in altre aree della tua vita. Quando Roger ha iniziato a scrivere, non aveva molta fiducia in se stesso nelle sue capacità. Sentiva di essere un bravo scrittore, ma non credeva che la sua scrittura lo avrebbe portato da nessuna parte. Non credeva di poter mantenere se stesso e la sua famiglia con una carriera di scrittore, anche se questo era quello che voleva fare. Roger aveva sempre amato scrivere, sin da quando era bambino, ma non c'erano molte persone che gli dicevano che era bravo a scrivere. In effetti, i suoi genitori gli dissero che non sarebbe andato da nessuna parte con la sua scrittura e che avrebbe dovuto decidere per un'altra carriera. Il primo lavoro che Roger ha ricevuto come scrittore freelance è stato per un piccolo articolo sul Ringraziamento. Il suo cliente anche se ha adorato l'articolo, ma non lo ha mai contattato per scrivere un altro articolo. Roger ha ricevuto lavori da blog online, ma la maggior parte erano su base volontaria. Circa nove mesi dopo l'inizio della sua carriera da freelance, Roger ha pensato di arrendersi e continuare a lavorare in ufficio. Tuttavia, ha ricevuto una posizione come scrittore per una società di ghostwriting. Roger non era sicuro di poter dare loro una scrittura di alta qualità che volevano, ma ha deciso di fare un tentativo. Dopo due mesi, Roger divenne uno dei migliori scrittori dell'azienda. I suoi supervisori hanno elogiato il suo lavoro e gli hanno detto che era uno scrittore straordinario. Ha ricevuto ottime recensioni dalla redazione, ma faticava ancora a credere di essere un bravo scrittore. Mentre Roger ha continuato a svilupparsi come scrittore, ha continuato a migliorare la sua scrittura. Allo stesso tempo, la sua autostima come scrittore è migliorata. Dopo sei mesi di lavoro, Roger lasciò il suo datore di lavoro e creò la sua società di scrittura. Ha iniziato a scrivere a tempo pieno a casa e sapeva che avrebbe continuato a migliorare come scrittore. Roger ha iniziato a credere a ciò che i suoi editori e supervisori gli hanno detto sulla sua scrittura, il che ha migliorato la sua autostima sul lavoro. Nel corso del tempo, Roger ha notato che la sua autostima è migliorata anche nella sua vita personale. Credeva di poter imparare nuovi compiti. Ha iniziato a concentrarsi su hobby che in precedenza non credeva di poter realizzare. Iniziò a conversare con persone che conosceva a malapena e disse loro con sicurezza le sue opinioni e pensieri, anche se le altre persone non erano d'accordo con lui. Grazie alla fiducia, Roger è riuscito a guadagnare dal suo lavoro come scrittore, e ha aumentato la fiducia anche in altre aree della sua vita.

Come costruire la tua fiducia in te stesso?

È importante sapere che nessuno deve avere limiti quando si tratta di fiducia in se stessi. Non sei nato con solo il dieci percento di autostima o con la capacità di accrescere la tua autostima fino al venticinque percento.

Le persone che mostrano una forte fiducia in se stesse hanno lavorato per anni per costruire la loro fiducia. Anche se sono cresciuti in una casa amorevole con genitori solidali e incoraggianti, hanno comunque lavorato per costruire la loro autostima quando hanno lasciato la casa. La fiducia in te stesso è una parte della tua mentalità che svilupperai costantemente.

Non ci sono limiti giusti o sbagliati quando si tratta di fiducia in se stessi. Alcune persone hanno paura di essere sicure delle proprie capacità perché temono di sembrare narcisiste o arroganti nei confronti di qualcuno.

Qualcuno con una forte fiducia in se stesso non è narcisista. Il narcisismo è un disturbo della personalità che induce le persone a credere di essere i migliori in tutto.

Credono che nessuno sia migliore di loro e faranno tutto ciò che è in loro potere per rimanere al vertice, anche ferendo altre persone. La fiducia in se stessi risplende nelle persone e le rende più propense ad aiutare altre persone. Vogliono vedere altre persone avere successo, proprio come hanno avuto successo loro. Lavorano sodo e capiscono che continueranno a migliorare le loro capacità. Sanno che possono imparare da altre persone e sono disposte a fare il possibile per assicurarsi di poter aiutare se stessi e gli altri. Ci sono molte strategie che puoi usare quando lavori per costruire la tua autostima. Potresti trovarti a iniziare con una strategia e, una volta che hai più fiducia in te stesso, cercare una nuova strategia.

Ciò accade perché man mano che la tua autostima cresce, anche i nostri metodi si svilupperanno. Inizierai a concentrarti su altre aree della tua vita, o inizierai a notare che devi costruire su determinati tratti della personalità e questo richiede strategie diverse. Non importa da dove inizi con la tua autostima, ecco alcune strategie che puoi usare nella tua vita:

Usa affermazioni

Uno dei modi più importanti in cui le persone iniziano ad aumentare la loro autostima è attraverso le affermazioni. Queste affermazioni edificanti e positive le puoi leggere ovunque tu sia, attraverso libri o citazioni positive o frasi motivazionali anche su Google.

Quando usi le affermazioni per rafforzare la tua autostima, devi concentrarti sulle citazioni che ti solleveranno il morale. Ad esempio, se hai difficoltà quando si tratta del tuo lavoro, puoi guardare citazioni più specifiche nel tuo campo di studio o citazioni che si concentrano su qualsiasi carriera.

Devi sempre dire l'affermazione ad alta voce. Puoi prima leggerla nella tua mente, ma crederai di più al messaggio se lo leggerai ad alta voce. Prenditi un momento per dire la seguente citazione nella tua testa:

"Il modo migliore per predire il futuro è crearlo."

- Abraham Lincoln

Ora, prenditi del tempo per riflettere su come ti ha fatto sentire quella citazione. Ci hai pensato molto o l'hai letto come se avessi letto qualcos'altro? Le persone spesso leggono le citazioni nella loro mente come se leggessero un romanzo. Anche se possono sentire che la citazione porta loro un senso di pace o che crea più positività, non dura a lungo. In effetti, dura solo una manciata di secondi per la maggior parte delle persone.

Ora, prenditi un momento per pronunciare ad alta voce la seguente citazione:

"La cosa più importante è guardare avanti. Il passato è la tua ancora."

- Maxime Lagace

Ancora una volta, rifletti su ciò che leggi ad alta voce. Hai notato qualche differenza rispetto a quando hai letto nella tua testa la citazione di Abraham Lincoln? Ti sei trovato a pensare alla citazione di Maxime Lagace più che a quella di Lincoln?

La maggior parte delle persone noterà che ha preso la citazione più seriamente quando l'ha letta ad alta voce e si attacca nella loro mente più a lungo. Si concentrano maggiormente sul significato della citazione e su come si relaziona a loro.

Un altro trucco per le affermazioni è rimanere coerenti. Più spesso pronunci una citazione, più crederai a ciò che stai leggendo. Non è necessario leggere la stessa citazione più e più volte. Puoi sempre leggere una nuova citazione, ma dovrebbe essere positiva. Più citazioni positive leggi durante la giornata, più forte diventerà la tua autostima. Poiché inizi a sentirti più positivo mentalmente, inizierai a diventare più positivo emotivamente. La tua positività mentale ed emotiva si irradierà in positività fisica, facendoti sentire meglio in generale.

Non devi leggere le citazioni positive di altre persone per concentrarti sulle affermazioni. Puoi concentrarti sulle tue affermazioni osservando le aree della tua vita in cui vuoi costruire la tua fiducia. La chiave è dirle in un modo che sia una domanda. Questo perché il tuo cervello vuole naturalmente cercare risposte alle domande. Ad esempio, durante gli anni del college, Amirah ha notato che i professori lodavano le sue carte scritte e le sue domande. Le dissero che era un'eccellente scrittrice, cosa a cui Amirah non aveva mai pensato prima. In effetti, non ha mai voluto diventare una scrittrice. Ma sapeva che aveva bisogno di usarlo come strumento per aiutare a costruire la sua forza mentale e la sua mentalità. Quindi, si è chiesta: "Perché sono una brava scrittrice?" invece di dire a se stessa: "Sono una brava scrittrice". Prenditi un momento per pensare a un'area in cui desideri migliorare la tua autostima. Questo potrebbe essere il tuo lavoro, la tua scuola o la tua mentalità. Quindi, dì a te stesso in cosa sei bravo dicendo: "Sono bravo in _____". Ora è il momento di trasformare questa affermazione in una domanda. Chiediti: "Perché sono bravo a _____". Rifletti su come continui a pensare a questa domanda mentre il tuo cervello cerca di trovare una risposta. Potresti trovare alcuni motivi per cui sei bravo nel compito in pochi minuti o potresti ritrovarti a continuare a pensare alla domanda per tutto il giorno. Alla fine della giornata prenditi del tempo per riflettere sull'esercizio.

Immagina cosa vuoi diventare

Da quando eri più giovane, volevi diventare qualcuno. Potresti ricordare chi volevi diventare negli asili, come un insegnante, un pompiere, un agente di polizia o un calciatore. I bambini hanno un'immaginazione selvaggia e credono che tutto ciò che immaginano sia possibile. La ragione principale è che si visualizzano come ciò che vogliono essere. Ad esempio, se volevi essere un vigile del fuoco, ti sarai immaginato a combattere un incendio in una casa e di diventare un eroe. Come insegnante, avrai immaginato di tenere una lezione e di divertirti con i tuoi studenti.

Sfortunatamente, l'uso della tecnica di visualizzazione è qualcosa che le persone spingono di lato come un gioco da ragazzi. I bambini più grandi, gli adolescenti e gli adulti non dovrebbero visualizzare come bambini perché le persone dovrebbero superare questa fase, giusto? Sbagliato. Questo è uno dei più grandi miti quando si tratta di fiducia in se stessi. La verità è che più visualizzi chi vuoi diventare, più forte cresce la tua fiducia in quell'area. Naturalmente, la fiducia è un effetto a valanga, il che significa che una volta che inizia a svilupparsi in un'area, si svilupperà in altre aree. Potresti non notare questo sviluppo, ma un giorno rifletterai su dove eri un anno fa e dove sei ora e noterai la tua crescita, che ti sbalordirà.

A volte le persone hanno bisogno di aiuto con la visualizzazione e questo va bene. Non c'è niente di sbagliato nel creare una bacheca di visualizzazione che mostra le immagini dei tuoi obiettivi e dove ti vedi entro un anno. Creare una vision board è facile ed economico. Puoi ritagliare immagini da riviste e incollarle su un supporto di cartone o stampare immagini relative ai tuoi obiettivi e incollarle. Puoi anche disegnare immagini, usare citazioni o parole specifiche che ti aiutano a rimanere concentrato sui tuoi obiettivi.

Vuoi posizionare il tuo tabellone della visione da qualche parte nella tua casa, così lo vedrai ogni giorno. È importante che passi del tempo a riflettere sulla lavagna della visione al mattino o prima di andare a letto per almeno dieci minuti ogni giorno. Guarda attentamente le immagini e pensa ai tuoi progressi con ciascuna immagine. A molte persone piace includere l'inserimento nel diario nei loro vision board.

Mentre riflettono, discuteranno dei passaggi che hanno completato quel giorno per aiutarli a raggiungere i loro obiettivi. L'inserimento nel diario è utile perché ti consente di pensare a ciò che hai realizzato. Ad esempio, se stai attraversando una giornata difficile e senti che la tua autostima è un po' inferiore al normale, puoi consultare il tuo diario e notare tutti i miglioramenti che hai fatto in un certo periodo di tempo.

Aiuta qualcun altro

Molte persone si concentrano sulla costruzione della propria autostima aiutando qualcun altro. Questa persona può essere un amico, un familiare o uno sconosciuto. Potresti trovarti a fare volontariato presso un'organizzazione no profit locale, come una dispensa alimentare, o organizzare una campagna per persone che si trovano nel mezzo di un disastro naturale.

Potresti decidere di aiutare una persona ogni giorno e rendere questo parte della tua routine. Indipendentemente da ciò che decidi di fare, aiutare qualcun altro è un modo garantito per aumentare la tua autostima perché ti fa sentire bene. Prenditi un momento per pensare a un momento in cui hai aiutato qualcuno. Non importa chi sia la persona, ricorda come ti sei sentito dopo aver saputo di averla aiutata. Se necessario, prenditi del tempo per ricordare a te stesso la situazione e poi permetti ai tuoi sentimenti di venire da te in modo naturale. Mentre pensi al momento, le tue emozioni inizieranno a venire in superficie.

Uno dei motivi per cui aiutare qualcuno ci aiuta a costruire la nostra autostima è perché ci dimentichiamo di noi stessi per un momento. Non pensiamo ai nostri guai. Invece, diventiamo più grati per ciò che abbiamo nella vita. Iniziamo a vedere le nostre vite in un modo diverso. Ciò significa che più aiuti qualcuno, più forte diventerà la tua autostima mentre continuerai a sentirti benedetto nella tua vita.

Ad esempio, tendi a concentrarti sulle tue debolezze e credi di non poter diventare la persona che vuoi diventare. Stai lavorando per diventare la versione migliore di te stesso, sei una persona che crede di avere successo, può risparmiare denaro, lavora sodo, non procrastina e può controllare le proprie emozioni. Tuttavia, ti ritrovi a lottare per raggiungere anche solo una parte della persona che vuoi diventare. Tutto inizia a cambiare quando una domenica entri nella tua chiesa e vedi un gruppo di donne che cuciono. Chiedi loro cosa stanno facendo e ti dicono che stanno lavorando a maglia e cucendo sciarpe, cappelli e guanti da spedire a persone di tutto il mondo in modo che possano stare al caldo durante l'inverno. Quindi chiedi come puoi entrare a far parte di questo processo e ti dicono di unirti a loro in qualsiasi momento. Anche se non sai nulla di cucito o lavoro a maglia, si prendono il tempo per aiutarti. Presto, farai parte di un gruppo che sta spedendo sei scatole piene di articoli invernali ai bambini in Alaska. Sorridi quando vedi le scatole lasciare la chiesa e il camion UPS se ne va. Mentre pensi a questo processo, ti rendi conto di quanto credi in te stesso perché stai aiutando i bambini a stare al caldo durante i mesi invernali.

Fai una cosa che ti spaventa ogni giorno

Come la maggior parte delle persone, vuoi stare lontano dai fattori che ti spaventano. Non vuoi affrontare le paure perché è scomodo e non sai mai cosa succederà. Un esempio banale, se vuoi andare a un tour di una casa infestata per Halloween, ma hai paura dell'allestimento, delle persone vestite da zombi e delle persone che saltano fuori all'improvviso, è più che probabile che starai lontano dalle case infestate. Potresti urlare quando qualcuno ti salta addosso e preoccuparti che le persone potrebbero pensare che sei stupido o troppo spaventato per gestire una situazione come questa. Anche se vuoi andare con i tuoi amici in una casa infestata ogni Halloween, trovi sempre una ragione per cui non puoi andare ogni anno. Altre situazioni che potrebbero spaventarti sono iniziare la tua attività, impegnarsi in un nuovo hobby o ripulire il tuo ripostiglio perché non lo fai da anni. Mentre pianifichi la tua giornata, devi pensare a una cosa che ti spaventa. Questo potrebbe essere qualcosa che ti fa sentire a disagio, qualcosa che ti dà ansia quando ci pensi o qualcosa che ti fa venir voglia di correre e nasconderti. Mentre ti concentri sulla tua routine mattutina, scrivi l'unica cosa che farai quel giorno di cui hai paura. Fare ogni giorno qualcosa che ti mette un po' di paura ti aiuta a sentirti a tuo agio quando sei a disagio. Costruisce la tua fiducia perché inizi a realizzare qual è il tuo potenziale. Invece di ripetere a te stesso: "Io non posso farlo" o "mi fa un po' paura," dirai, "L'ho fatto!"

Preparati a vincere

Non solo vuoi concentrarti sulla definizione del tuo obiettivo, ma vuoi anche assicurarti di essere pronto per vincere. Ciò significa che non vuoi rendere i tuoi obiettivi o passi difficili da raggiungere. Vuoi renderli facili, ma non vuoi che siano troppo facili. Allo stesso tempo, è importante ricordare che quando stai cercando di superare una sfida, i passaggi potrebbero sembrare troppo facili quando li scrivi su carta. Ad esempio, fissare un obiettivo per alzarsi alle sette del mattino può sembrare facile e per niente impegnativo. Tuttavia, quando hai l'abitudine di dormire fino alle otto del mattino o non svegliarti, il passo è un po' più difficile, soprattutto se non hai una forte autodisciplina per alzarti quando suona la sveglia. Le persone possono premere ripetutamente la funzione snooze o disattivare la sveglia e riaddormentarsi facilmente. Devi evitare questo quando

Autostima Da Spartano

imposti i tuoi obiettivi e cerchi di rispettarli. Un altro modo per prepararti a vincere è rendere i tuoi primi due passaggi più facili degli altri. Ad esempio, puoi aumentare la difficoltà di ogni fase del tuo obiettivo. Questo ti aiuterà a iniziare con i tuoi obiettivi, a mantenerti motivato e ti farà affrontare una piccola sfida in più ad ogni passo, può aiutarti inoltre a superare qualsiasi disagio che hai con il tuo obiettivo o diventare parte del fare una cosa che ti spaventa. È sempre possibile combinare due strategie contemporaneamente.

Quando stai lottando, guarda cosa hai già ottenuto

Tutti hanno momenti in cui si sentono frustrati dai loro obiettivi e tu non sei diverso. Potresti sentire di non poter raggiungere il tuo obiettivo perché continui a commettere un errore durante un passaggio, o credi di aver impostato un obiettivo troppo alto. Potresti avere una brutta giornata e non avere energie per concentrarti sui tuoi obiettivi, anche se fa parte della tua routine quotidiana. Roger si trova in difficoltà quando uno dei suoi clienti chiede una revisione. Anche se i clienti chiedono a Roger di cambiare alcune cose, adorano la sua scrittura e apprezzano quanto lavoro ha impiegato per creare il libro. Nonostante questo si sente ancora come se avesse commesso un errore e si sente deluso dal suo cliente perché gli ha chiesto la revisione. Roger sa che i suoi clienti sono entusiasti di ricevere il loro prodotto finito e vogliono inviarlo alla pubblicazione non appena lo ricevono. Capisce che dover aspettare le revisioni può far perdere loro giorni preziosi.

112

Roger si ritrovava a dover effettuare revisioni molto difficili, a causa di questo era diventato difficile per lui concentrarsi sul proprio lavoro per il resto della giornata. C'erano volte in cui sentiva addirittura di non potersi concentrare sul suo lavoro il giorno successivo, in quanto continuava a pensare alla revisione che doveva fare. Ciò ha fatto sì che Roger rimanesse indietro nella definizione degli obiettivi, il che mentalmente ed emotivamente peggiorò le cose. Per aiutare se stesso a rimanere fuori da una spirale discendente quando ha ricevuto un'altra revisione, Roger ha parlato con il suo mentore. Il mentore di Roger gli ha detto che le revisioni fanno parte del business del ghostwriting, ha affermato che non puoi accontentare tutti e devi essere preparato per il cliente che non sarà mai veramente soddisfatto del suo progetto. Il mentore ha anche detto a Roger che dovrebbe prendere le revisioni per ciò che sono. Se un cliente ama il lavoro ma vuole che alcune cose cambino, allora apporta quei cambiamenti.

Dal momento che Roger ha accettato che ci siano revisioni quando si tratta della sua attività, ora si sente più a suo agio quando ne riceve una. Ha capito che era un'opportunità di crescita e non qualcosa di cui vergognarsi. Invece di prendersela per le revisioni, Roger tornava indietro e leggeva i commenti positivi che riceveva dai suoi clienti. Lo ha aiutato a sollevare il suo spirito, quindi si è riavvicinato al suo lavoro. In effetti, Roger ha scoperto di essere diventato ancora più motivato a rendere i suoi progetti migliori da quando ha ricevuto le richieste di revisioni.

Capitolo 12

Migliorare il focus e
la concentrazione

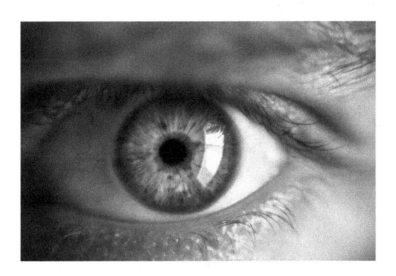

U n'altra caratteristica importante degli Spartani e delle Unità Operative Speciali è la loro capacità di concentrarsi ovunque si trovino e cosa stiano facendo. La maggior parte delle loro missioni richiedono alta concentrazione e focus. Il contrario può rivelarsi pericoloso e fatale. I cecchini devono concentrarsi sul loro bersaglio se vogliono un colpo sicuro. I soldati devono essere sempre attenti durante il combattimento per sapere se i nemici stanno arrivando. Le persone che sono sbadate e che si ritrovano sempre a sognare ad occhi aperti non hanno spazio in questo tipo di missioni. Metterebbero in pericolo non solo le loro vite ma anche quelle della loro squadra e metterebbero a repentaglio anche l'operazione. Questo può costare molto tempo, risorse e vite. Alcune persone pensano che la parte più difficile del lavoro di un cecchino sia sparare con successo al bersaglio da lontano, ma c'è molto di più nel lavoro di un cecchino di questo. In effetti, quello che è ancora più difficile per loro è recarsi in una zona pericolosa, come la tana del nemico, per fare le ricognizioni, ed essere il più invisibili e silenziosi possibile. Essere visti o ascoltati dal nemico sarebbe fatale, il che rende molto più difficile che semplicemente sedersi da qualche parte lontano dal bersaglio e cercare di trovare l'angolo giusto per sparare. Essere invisibili e silenziosi è estremamente difficile, specialmente se sei un uomo massiccio che trasporta attrezzature e armi. Aggiungi il fatto che ti senti anche affamato, assetato, stanco e assonnato, tutti i muscoli e le ossa doloranti del tuo corpo urlano per il riposo. È facile perdere la concentrazione con tutte queste distrazioni e sfide, ma un grande soldato non perde mai messa a fuoco e continua a muoversi fino a quando non riesce a completare il suo compito. Le tue sfide nella vita potrebbero non essere una questione di vita o di morte, ma puoi applicare le stesse tecniche che usano questi soldati d'élite per migliorare la loro concentrazione e focus mentale.

Cos'è il focus?

Innanzitutto, devi sapere cosa significa focus. È l'atto di concentrare tutta la tua attenzione su qualcosa, che si tratti di un oggetto, un'attività, un compito, un evento ecc. La definizione può sembrarti noiosa, ma c'è di più che concentrarsi semplicemente su una cosa. Il più delle volte, diverse cose cercano di attirare la tua attenzione, ed è questo che ti fa perdere la concentrazione su quello che stai facendo. Quindi, oltre a concentrarsi su una cosa, concentrarsi è anche l'atto di ignorare altre cose, il che sembra più facile a dirsi che a farsi. Eliminare altri fattori che potrebbero catturare la tua attenzione è un prerequisito importante per la concentrazione. Devi dire "sì" solo a una cosa e "no" al resto, in modo che solo una cosa abbia la tua completa attenzione. Dire "no" a queste altre cose non è permanente. Stai solo dicendo "no" in quel particolare istante. Per essere produttivo, devi concentrarti. Concentrati sulle cose che contano ed eliminare le distrazioni. Devi anche dare la priorità a quello su cui devi concentrarti. I prossimi sono alcuni passaggi che puoi provare per migliorare la tua concentrazione:

Fermarti, guarda, ascolta e annusa

Quando ti ritrovi distratto a causa della fatica, della fame e della difficoltà del tuo compito, devi spostare la tua concentrazione e attenzione dalla tua missione e provare a fare una breve pausa facendo FGAA. Dovresti interrompere ciò che stai facendo in quel momento, guardarti intorno, ascoltare ogni piccolo movimento e annusare l'ambiente circostante. L'obiettivo principale di prendere una pausa FGAA significa rimettere a fuoco e anche fare una pausa necessaria, anche se breve. Questo ti manterrà almeno consapevole di ciò che ti circonda e ti aiuterà a concentrarti sulla tua missione. Questo è utile anche in un ambiente d'ufficio quando ti ritrovi bombardato da e-mail a cui ritieni di dover rispondere subito e dalle centouno attività che il tuo capo vuole che tu svolga. Prova a rimettere a fuoco facendo FGAA. Questo è particolarmente utile se hai molte cose in mente e molte attività da completare entro la stessa scadenza. Ti aiuterà a mantenere la mente concentrata su ciò che deve essere fatto invece di saltare da uno stimolo esterno a un altro, come il telefono che squilla del tuo collega, il ping della tua notifica e-mail, l'odore del pranzo di qualcuno che scalda nel microonde, pila di fogli sulla scrivania e molte altre cose che possono distrarti. Smetti di fare qualsiasi cosa tu stia facendo, guardati intorno e prova a organizzare le pile di carta sulla tua scrivania, ascolta il telefono che squilla dei tuoi colleghi finché non rispondono e goditi semplicemente l'odore del cibo. A volte, tutto ciò di cui hai bisogno è essere consapevole delle cose intorno a te invece di reagire in modo impulsivo e negativo. Prendi da tutto quello che ti circonda, soprattutto se non c'è davvero nulla che puoi fare al riguardo. Rendilo parte del tuo ritmo.

Consapevolezza della situazione

Alle unità delle forze speciali viene insegnata una tecnica chiamata consapevolezza della situazione. È definita come la capacità di comprendere fattori ed elementi importanti della situazione attuale delle truppe in relazione alla loro missione. In breve, essere consapevoli di ciò che ti circonda e di ciò che accade intorno a te. Durante il combattimento, la consapevolezza della situazione è fondamentale perché può aiutarti a salvare vite umane. Le persone oggi non sono spesso consapevoli di ciò che li circonda. Quando vai in aeroporto o in un centro commerciale, pensi che queste persone siano consapevoli di ciò che li circonda? Probabilmente no. Si limitano a vivere le loro vite, dentro la loro piccola bolla, senza preoccuparsi di quello che succede intorno a loro. Puoi migliorare la tua concentrazione facendo questi esercizi di consapevolezza della situazione. Questo è più efficace se lo fai in un luogo grande e affollato (quando sarà possibile), come un centro commerciale, l'aeroporto, lo stadio o qualsiasi luogo in cui le persone sembrano non preoccuparsi di ciò che li circonda. Questi esercizi ti aiuteranno ad aumentare la tua concentrazione e focus.

- Prendi nota delle cose che stanno facendo le persone intorno a te.
- Prova a indovinare cosa stanno pensando e perché si trovano in quel posto.
- Cerca comportamenti, azioni o cose che trovi strani o fuori luogo.

Fare questi esercizi ti aiuterà a migliorare la tua concentrazione e ti farà anche prestare maggiore attenzione ai piccoli dettagli. Questo è qualcosa che puoi fare ovunque tu sia per essere in grado di raggiungere con successo i tuoi obiettivi.

Respirare correttamente

Un'altra tecnica che puoi fare per mantenere la concentrazione è imparare a respirare correttamente per alleviare lo stress e la tensione. Quando hai così tante cose da fare e ti senti sopraffatto da tutto, dovresti fare respiri profondi per raccogliere il tuo ingegno e rimanere concentrato. Quando senti il tuo corpo diventare teso e stretto e noti che i tuoi respiri sono più veloci e meno profondi, sei molto stressato e teso, quindi cerca di rilassarlo respirando correttamente.

Prendendo il controllo del tuo respiro, ti senti più calmo e rilassato. Inizia sedendoti dritto con le spalle rilassate e le mani sulle ginocchia. Svuota i polmoni espirando profondamente. Riempi i polmoni inspirando lentamente e profondamente. Conta fino a quattro mentre fai un respiro profondo. Trattenete il respiro per quattro secondi, quindi espirate di nuovo lentamente per quattro secondi. Ripeti l'intero processo dieci volte. Assicurati di inspirare attraverso il naso ed espirare attraverso la bocca. Diverse unità delle forze speciali usano questa tecnica per rimanere calmi e concentrati e la chiamano la tecnica di respirazione a quattro scatole. Le situazioni in cui si trovano sono molto più stressanti di quelle che le persone normali affrontano di solito su base giornaliera, ma per loro funziona, il che significa che funzionerà sicuramente anche per te. Un'altra tecnica di respirazione che puoi provare è fare tre respiri profondi, assicurandoti che ogni respiro sia più lento e più profondo del precedente. Mentre inspiri ed espiri lentamente, assicurati che tutti i muscoli siano rilassati, specialmente la lingua, la mascella e la fronte. Probabilmente non te ne accorgi, ma quando ti senti stressato, e quindi, sfuocato, la tua fronte è rugosa, la tua mascella è stretta e la tua lingua è attaccata al palato. Respira profondamente e senti che tutti i tuoi muscoli si rilassano. Puoi anche muovere le dita dei piedi o piegare leggermente le ginocchia per mantenere il corpo rilassato.

Avere una lista di cose da fare per distrarsi

Spesso, ti ritrovi a pensare a qualcos'altro mentre stai lavorando a qualcosa. Ad esempio, stai completando un report sulle vendite mensili della tua azienda. E a volte, le cose ti vengono in mente, indipendentemente dal fatto che siano correlate a ciò su cui stai lavorando o meno. È facile cadere nella trappola di cercare su Google la domanda giusta in modo da avere subito la risposta, ma questo ti allontanerà da ciò che stai facendo.

Quello che puoi fare invece è creare un elenco di cose da fare per distrarti in cui puoi annotare tutte le cose che ti sono passate per la mente mentre lavoravi e poi ricercarle in seguito dopo aver terminato le tue attività. Domande come "che tempo farà domani", "chi è l'attore che ha recitato in quel film che ho visto ieri sera", "qual è il titolo di quella canzone" e così via. Annota tutto questo e torna sulla lista più tardi quando avrai tempo libero. Ma prima, finisci il tuo compito.

Meditare

La meditazione non solo ti fa sentire calmo e raccolto e ti aiuta a mantenere la calma in situazioni di stress, aiuta anche ad aumentare la capacità di attenzione che a sua volta migliora la tua concentrazione. Più lunga è la tua capacità di attenzione, più a lungo sarai in grado di concentrarti sui tuoi compiti. Non è necessario passare tutto il giorno a meditare come monaci in un monastero. Puoi provare semplici tecniche di meditazione come la tecnica di respirazione menzionata in precedenza e altri trucchi che possono aiutarti a migliorare la tua concentrazione. Ci vorranno solo pochi minuti ogni giorno e non hai nemmeno bisogno di un posto speciale per farlo.

Controlla la voce nella tua testa

A volte, le distrazioni sono tutte nella tua testa. Senti quella vocina nella tua testa che ti critica o ti distrae dal portare a termine i tuoi compiti. Cerca di controllare questa voce e non lasciare che rovini il tuo slancio, soprattutto se sta cercando di abbatterti e farti sentire male con te stesso o se sta cercando di distrarti dal tuo compito. Cerca di ignorare questa voce soprattutto quando ti ritrovi a indovinare le tue decisioni e azioni. Se ti trovi in questa situazione difficile, presta attenzione a quello che stai facendo e cerca di concentrarti sulla ricompensa se finisci il tuo compito in tempo. Un'altra cosa che puoi fare è esaminare ogni minimo dettaglio, ogni angolo in riferimento alla tua decisione o al tuo compito e cercare di trovare le scappatoie che potrebbero rendere più facile per quel critico interiore piantare i semi del dubbio nella tua testa. Comprendendo cosa deve essere fatto e quali azioni puoi intraprendere in diversi scenari, avrai una forte difesa contro il tuo critico interiore perché sai cosa stai facendo.

Concentrati su una cosa alla volta

Al giorno d'oggi, le aziende cantano le lodi delle persone che sono efficienti nel multitasking. Infatti, questa caratteristica è inclusa di solito nell'elenco dei tratti che le aziende stanno cercando nei loro candidati quando pubblicano offerte di lavoro. Ma il multitasking è davvero meglio che concentrarsi su una singola cosa? La risposta è che il multitasking è meglio utilizzato in attività banali o attività che non implicano un pensiero profondo, come parlare al telefono, rispondere a una normale e-mail e stampare un documento. Cose come queste non richiedono che tu pensi.

Tuttavia, quando si tratta di portare a termine un'attività che richiede tutta la tua attenzione, devi concentrarti su solo su di essa senza fare altre dieci cose diverse contemporaneamente. Ad esempio, finire il romanzo che hai iniziato, creare un design per il sito web della tua azienda, imparare a suonare il piano e così via. Se vuoi padroneggiare qualsiasi abilità, devi prestare la tua attenzione al cento per cento mentre lo fai. Inoltre, il multitasking può portare a più errori rispetto a svolgere un'attività alla volta perché la tua attenzione è divisa. Per illustrarlo più chiaramente, immagina la tua attenzione come un riflettore. Se i riflettori sono focalizzati su un solo punto, senza spostarsi, vedrai chiaramente tutti i dettagli in quell'area. Puoi fornire maggiori dettagli e la tua descrizione è più accurata. Ma se devi spostare i riflettori più volte in aree diverse, vedrai solo un breve scorcio di ciascuna area. Le tue descrizioni di ogni area non saranno così dettagliate e accurate perché il tuo tempo e le tue risorse sono suddivise in cose diverse. Quindi assicurati di usare la tua attenzione con saggezza e cerca di usarla su cose che contano davvero.

Pratica il pre-impegno

Pre-impegno è una parola più elaborata per la tua lista di cose da fare. Questo è l'atto di decidere in anticipo quale progetto finirai prima di iniziare a lavorare sugli altri e per quanto tempo lavorerai su quel progetto. Questo ti aiuterà a concentrarti maggiormente su un compito perché sai cosa deve essere fatto e hai una scadenza da rispettare verso te stesso.

Presta attenzione al processo

Il più delle volte, le persone prestano maggiore attenzione al risultato finale e prestano poca attenzione al percorso per arrivarci. Il successo non è un evento una tantum perché implica molti processi lungo il percorso. Non è solo un singolo evento in cui perdere venti euro in sei mesi, pubblicare il tuo romanzo o raggiungere il tuo obiettivo di vendita. Coinvolge anche il tuo impegno per l'intero processo o percorso per raggiungere quel risultato. Le persone che hanno successo in quello che fanno si innamorano del percorso e il risultato positivo è la ciliegina sulla torta. Ad esempio, per diventare uno scrittore, il tuo obiettivo principale è quello di far sì che i tuoi lavori vengano pubblicati, ovviamente, ma devi innamorarti del noioso processo di scrittura, modifica e ricerca se vuoi raggiungere il tuo obiettivo. Se il tuo obiettivo è perdere peso, devi innamorarti del fatto che per mantenerti in forma devi mangiare cibi sani e andare in palestra. Il successo e le ricompense sono solo le punte dell'iceberg e questo è ciò che le persone vedono spesso. Non riescono a rendersi conto che c'è molto di più sotto, che include perseveranza, duro lavoro, disciplina e molte altre cose che contribuiscono al successo di una persona.

Capitolo 13

Rompere le cattive abitudini e non procrastinare

O gni viaggio verso un obiettivo inizia con un impegno; un impegno a migliorare, per avere un migliore controllo dei tuoi nervi, e poter lavorare con dedizione e perseveranza verso l'obiettivo finale per poi realizzarlo. Senza un forte impegno e una chiara intenzione, molto probabilmente non ti muoverai con responsabilità per raggiungere un certo obiettivo. Questo è il motivo per cui il tuo viaggio per rompere la procrastinazione deve iniziare anche con un impegno incrollabile.

Accetta il tuo problema

Per costruire una chiara intenzione di risolvere il tuo problema, devi in primo luogo ammettere che hai un problema da affrontare. A meno che tu non riconosca il tuo problema, non ti renderai pienamente conto dei suoi effetti sulla tua vita e non lavorerai fedelmente per risolverlo. Accettare il tuo problema diventa più facile quando ti concentri su come sta influenzando (sabotando) la tua vita. Per farlo, procedi come segue:

Analizza la tua routine quotidiana a partire dal momento in cui ti svegli fino a quando non ti addormenti ed elenca tutte le attività in cui ti impegni effettivamente. Annota il tempo che dedichi a ogni compito. Ora valuta l'importanza di ogni attività nell'elenco e pensa a cosa ti ha aiutato a raggiungere quel compito. Ad esempio, se hai trascorso tre ore a fare ricerche sul tuo progetto di filosofia dell'ultimo anno al college, quale risultato hai ottenuto dopo quella ricerca? Sei riuscito a svolgere una ricerca significativa o non sei stato così soddisfatto delle tue scoperte principalmente perché non hai dedicato tre ore intere alla ricerca sull'argomento? Pensa se ogni attività che svolgi quotidianamente ti aiuta o meno a ottenere qualcosa di significativo alla fine. Se il tuo obiettivo finale per il giorno è quello di guadagnare centinaia di euro, sei in grado di farlo considerando il tempo speso per il tuo lavoro/attività correlate?

Inoltre, pensa a quanto tempo dedichi effettivamente alle attività indicate nell'elenco e quanto di quel tempo viene investito in altre attività. Se hai passato due ore a scrivere un'email di duecento parole a un potenziale investitore per la tua attività, pensa a quello che hai effettivamente fatto in quelle due ore. Stavi davvero pensando al contenuto dell'email per assicurarti di aver redatto un'email ben strutturata ed efficace o hai passato un'ora e mezza usando i social media sul tuo telefono e hai impiegato solo trenta minuti a svolgere il compito vero e proprio? Il diavolo è sempre nei dettagli o, in questo caso, nei minuti. Inoltre, pensa alle attività che prevedi di svolgere quotidianamente, ma in qualche modo finisci per non farlo. Annota questi compiti e confronta la loro importanza ei risultati che ti avrebbero aiutato a raggiungere con i compiti già inseriti nell'elenco. Se tu avessi intenzione di scrivere un post sul blog per il tuo blog, scrivere email ad alcune società di PR, passare una proposta per un potenziale cliente, fare alcune faccende domestiche, tra cui lavanderia e preparare la cena, e hai dovuto passare due ore con la tua famiglia, ma la giornata si è conclusa solo scrivendo un post sul blog e facendo il bucato, perché pensi che sia successo? Cosa è andato storto e dove è l'inghippo che ti ha fatto cambiare l'intero piano e non raggiungere gli obiettivi fissati per la giornata? Una volta che hai dettagliato tutte le risposte alle domande e hai analizzato la tua routine, ripassa quello che hai scritto alcune volte e in pochi minuti, ti renderai conto di quanto sei incline alla procrastinazione e di quanto sia dannoso per te. Quando confronti i risultati che ottieni ogni giorno con i risultati desiderati, ti renderai automaticamente conto di come la tua abitudine di rimandare compiti importanti e impegnarti in qualcosa di meno significativo ma più attraente mentre lavori su un compito importante è in realtà un'abitudine velenosa che sta solo distruggendo la tua vita. Questa consapevolezza ti aiuterà ad accettare il tuo problema. È importante fare una dichiarazione verbale e poi scritta a mano di questa accettazione per mettere le cose allo scoperto. Dì e scrivi: "Ho la cattiva abitudine di procrastinare compiti importanti e lavorerò per rompere questa abitudine con fermezza". La tua dichiarazione può essere diversa, ma il succo dovrebbe essere lo stesso.

Assumere un forte impegno sostenuto da convincenti perché

Ora che hai riconosciuto il tuo problema e ti sei impegnato a risolverlo, devi consolidare il tuo impegno e rafforzarlo fissandolo a un motivo convincente. Devi avere una ragione convincente o anche diversi motivi per cui devi superare la tua cattiva abitudine di procrastinare, quindi lavorare con dedizione verso il tuo obiettivo.

I perché associati ad ogni obiettivo ti motivano a lavorare per il suo raggiungimento perché sono i motivi per cui stai inseguendo quell'obiettivo. Se non c'è motivo per cui desideri interrompere la procrastinazione, perché lo faresti mai? Se perdere peso non è importante per te, perché mai dovresti andare in palestra e concentrarti su un'alimentazione sana? Per superare la procrastinazione, devi capire esattamente perché desideri farlo.

Chiudi gli occhi o tienili aperti se vuoi e pensa al problema più grande che stai affrontando nella tua vita in questo momento. Potrebbe essere qualsiasi cosa che ti faccia sentire scontento, ti procuri qualsiasi tipo di dolore o ti stia impedendo di vivere una vita completamente contenta e felice. Potrebbe essere la tua lotta per perdere peso o gli ostacoli che stai incontrando nella creazione della tua attività o come stai combattendo la depressione e l'impulso di cedere ad essa o qualsiasi altra cosa che sta seriamente aggiungendo attrito alla tua vita e ti impedisce di vivere come desideri veramente vivere.

Annota i tuoi risultati e ricorda la tua routine lavorativa, quanto tempo dedichi a compiti realmente significativi e a quelli che ti fanno solo perdere tempo; ti renderai conto che la procrastinazione è davvero una delle ragioni principali per cui stai lottando per raggiungere gli obiettivi desiderati. Pensa a come la tua vita cambierebbe in meglio se raccogliessi il coraggio di combattere le tue tentazioni e di sconfiggere la procrastinazione per fare un lavoro vero e proprio. Annota queste ragioni e usale per alimentare la tua motivazione a lavorare verso il tuo impegno a battere la procrastinazione.

Stabilisci un obiettivo chiaro

Ora che hai una comprensione più chiara del motivo per cui devi superare la tua voglia di procrastinare e sei più determinato di prima a lavorare verso questo obiettivo, stabilisci un obiettivo molto chiaro per sconfiggere effettivamente questa cattiva abitudine. Puoi avere diversi obiettivi nella tua lista che vorresti raggiungere per vivere una vita più significativa e felice, ma è abbastanza difficile lavorare su una manciata di obiettivi contemporaneamente.

Ricorda, hai solo una certa quantità di forza di volontà per lavorare su un determinato compito e quella forza di volontà si esaurisce con ogni mossa che fai verso un certo obiettivo. Pertanto, se lavori per tre ore consecutive alla creazione del sito web della tua azienda, è probabile che dopo ti sentirai esausto e non sarai in grado di lavorare su un altro obiettivo ad alta priorità per un altro paio d'ore.

Per assicurarti di non rimanere a corto di forza di volontà per lavorare su qualcosa di importante, vai piano e sii costante. Non fare una lista degli obiettivi su cui si desidera lavorare per diventare attivo, entusiasta, e produttivo, ma scegline uno importante dalla lista su cui desideri lavorare su prima.

Assicurati di rendere tale obiettivo il più chiaro e specifico possibile in modo da sapere esattamente cosa stai cercando di ottenere. Se il tuo obiettivo è migliorare le tue entrate, pensa alla quantità di denaro che vorresti guadagnare ogni mese e confrontala con l'importo che stai effettivamente guadagnando. Se procrastini a mantenere pulita la tua casa, pensa a quanto pulita vuoi che sia la tua casa e crea un obiettivo specifico basato su di esso. Una volta che hai una migliore chiarezza sul tuo obiettivo, scrivilo sul tuo diario/agenda.

Ora hai una ragione molto forte per superare la procrastinazione. Successivamente, è necessario elaborare un piano d'azione per lavorare con entusiasmo verso questo obiettivo e combattere ogni tentazione che si presenta sulla tua strada.

Capitolo 14

Trappole che possono mettere alla prova la tua disciplina

La disciplina della volontà consiste principalmente nel focalizzare e perfezionare la tua pratica stoica. Una volta che hai compreso la disciplina della percezione e hai iniziato ad attuare la disciplina dell'azione, devi acquisire la disciplina della volontà per continuare il tuo viaggio anche di fronte alla durezza e al caos. Cioè, una volta che hai sviluppato un quadro morale per la tua vita quotidiana, ora devi promuovere la volontà di mantenerlo. Come Marco Aurelio fece notare, quando si acquisisce la saggezza di sapere ciò che è giusto e vero, si inizierà naturalmente a sapere quello che è giusto da fare e quello corretto da dire. Quando inizi a padroneggiare le tue emozioni e passioni, inizierai naturalmente a esercitare una scelta ragionata, la tua vita inizierà a orientarsi verso la felicità. Alcuni studiosi chiamano questa disciplina la disciplina dell'assenso. Ciò significa che dobbiamo vivere, come ci esorta la citazione sopra, in accordo con verità e ragione, nell'azione oltre che nel pensiero. L'assenso implica anche l'accettazione, e questo è in accordo con la visione stoica secondo cui dobbiamo accettare ciò che non possiamo controllare, così come il suggerimento di vivere in modo ascetico, accettando ciò che abbiamo piuttosto che desiderare sempre di più. Infine, l'assenso può anche indicare il consenso, in quanto siamo d'accordo con questa linea di condotta e ci impegneremo con allegria.

Revisione continua

Lo stoicismo enfatizza la natura continua dello sviluppo di una filosofia di etica personale, oltre al raggiungimento della felicità. Noi non possiamo semplicemente applicare la filosofia stoica alla nostra vita per un giorno o una settimana o anche un anno aspettarci di padroneggiare la felicità. La felicità non è uno stato in cui arriviamo e in cui restiamo; è un obiettivo a cui dobbiamo continuamente fissare il nostro scopo. A tal fine, la disciplina della volontà consiglia che la nostra determinazione deve essere forte e non deve vacillare. Pratichiamo l'autodisciplina ogni giorno, sia applicandola ai nostri pensieri e alle nostre azioni quotidiane, sia rimanendo fermi a una filosofia che richiede una revisione continua. Gli stoici suggeriscono anche che possiamo sempre migliorare. Una filosofia di etica personale è proprio questo: un impegno etico per essere una brava persona e per essere ricompensati con felicità e tranquillità. D'altra parte, lo stoicismo non ci chiede di giudicare duramente noi stessi o gli altri; anzi, propone moltissimo il contrario. Fai un inventario morale e guarda cosa hai fatto e cosa puoi fare per migliorare. Non usarlo come un bastone con cui picchiarti, questo è controproducente e invoca emozioni distruttive. Rimani concentrato sul presente e su ciò che puoi controllare e migliora da lì come la ragione vuole. Uno degli aspetti più costanti del comportamento stoico che troverai è quello di tenere un diario. *Le meditazioni di Marco Aurelio,* la più famosa di tutte le opere stoiche, erano essenzialmente un diario quotidiano dei suoi pensieri, delle sue azioni e della sua ricerca di saggezza e significato. È un'abitudine eccellente da sviluppare in quanto serve sia a liberarti dai tuoi stress e dalle tue emozioni quotidiane sia da promemoria dell'obiettivo che cerchi. Puoi vedere chiaramente cosa sei riuscito a realizzare in passato e cosa dovresti ancora fare in futuro. Può anche fungere da guardiano fisico: tienilo a portata di mano, almeno in un momento della giornata o in un altro la sua stessa presenza ti ricorderà che hai l'obbligo di fare il punto e di essere disciplinato. Infine, un diario può anche fornire una spinta: scrivi ciò che cerchi di concretizzare quel giorno; incoraggiati ad avere successo. Infine, la disciplina della volontà con un'enfasi sulla revisione continua favorisce la forza d'animo e la resilienza. Quando rivedi ciò che hai vissuto in passato (non con rimorso o rabbia, ma spassionatamente, come osservatore), sei in grado di riconoscere quanto ti sei superato, quanta forza possiedi, quanta resilienza raccogli. Ancora una volta, questo tipo di revisione dovrebbe essere intrapresa con un occhio al presente. Ora che so di aver vinto la sfortuna, posso vivere oggi con lo scopo di coltivare la fortuna. E, se eventi esterni al di fuori del mio controllo interrompono le mie intenzioni virtuose, continuerò comunque, accettando ciò che non posso controllare e muovendomi sempre verso la trasformazione di un ostacolo in un'opportunità.

Osserva le reazioni

Un'altra parte della disciplina della volontà è tenere sotto controllo le tue reazioni, un'altra pratica di autodisciplina. La parola "osservare" è impiegata qui invece di "monitorare" con intento deliberato: "osservare" implica vedere semplicemente ciò che c'è (come studiato nella disciplina della percezione), piuttosto che stratificare su un livello di giudizio come si può dedurre dalla parola "monitorare". Cioè, inizia a essere consapevole delle tue reazioni agli stimoli esterni e poi, senza giudizio, riconosci ciò che è giusto e vero nel modo in cui rispondi. Lavora per cambiare ciò che suona falso o privo di virtù.

Innanzitutto, questa cosa ti chiede di escludere emozioni distruttive. Forse la minaccia più pericolosa verso il tuo obiettivo di felicità, sono le emozioni distruttive come la rabbia, l'invidia, autocommiserazione, e simili, è così ubiquitariamente accettato nella nostra società che si tende a rimanere bloccati in queste emozioni, in un circolo vizioso di pensieri e azioni per abitudine. Rompere questo schema richiede vigilanza e autocoscienza, insieme a una forte dose di saggezza, per andare oltre uno stato in cui vivi sotto gli auspici di emozioni tossiche piuttosto che di scelte ragionate. Quando permetti alle tue emozioni di dominare la tua vita quotidiana, sei letteralmente fuori controllo. Ci vogliono tempo, addestramento e disciplina per abbandonare questo ciclo abituale, ma è realizzabile, insieme alla felicità che cerchi.

Secondo, lavora per dominare i tuoi molti appetiti. Ciò non significa che dovresti trascurare il tuo benessere fisico morendo di fame o privandoti di un buon cibo. Significa che dovresti stare attento a non permettere ai tuoi appetiti di dominare la tua ragione. Tendiamo a guardare all'esterno la felicità, spesso, sotto forma di cose materiali: belle macchine, vestiti alla moda, le ultime tecnologie, accumulando molte cose inutili a volte. Ma, come ognuno di noi sa che ha posseduto e perso denaro, il tipo di appagamento che fornisce ai propri appetiti è nel migliore dei casi effimero. La felicità fornisce un senso di benessere molto più profondo e soddisfacente, poiché deriva dall'interno e non è soggetto ai capricci del mondo esterno.

Infine, osserva le tue reazioni con l'obiettivo di generare gentilezza. Poiché lo scopo della vita è la felicità, è nostro dovere sia cercarla che diffonderla. Abbiamo un obbligo morale per il benessere degli altri e quindi, la nostra volontà dovrebbe sempre essere a favore della gentilezza piuttosto che della crudeltà, o anche della semplice maleducazione. La nostra reazione alla frustrazione è più suscettibile a crollare in questo caso in termini di vita quotidiana: parlare con un rappresentante del servizio clienti può tirare fuori il peggio di tutti noi. Quindi, mentre dovremmo rivolgere la nostra volontà alla prevenzione della cattiveria, come è eticamente ovvio, dovremmo anche cercare di generare gentilezza nelle piccole interazioni in cui ci impegniamo ogni giorno. Osservando continuamente le nostre reazioni, diventiamo pronti a notare qualsiasi segno premonitore di impressioni emotivamente disturbanti, facciamo un passo indietro e valutiamo la nostra reazione iniziale con saggezza paziente, piuttosto che lasciarci "trasportare" da emozioni e appetiti irrazionali o malsani.

Pratica la consapevolezza

Una volta che abbiamo raggiunto un maggiore senso di autoconsapevolezza, diventiamo più consapevoli di come influenziamo gli altri e di come permettiamo loro di influenzarci. Diventiamo più consapevoli di ciò che controlliamo e di ciò che non controlliamo. Diventiamo più consapevoli di ciò che ci circonda, delle nostre azioni e, cosa più importante, del nostro potenziale. Questo tipo di consapevolezza richiede mantenimento, come tutte le pratiche all'interno della filosofia stoica, e non aderiamo al dovere verso noi stessi se trascuriamo il nostro riposo. La consapevolezza è essenzialmente consapevolezza di sé, e poiché sappiamo cosa è giusto e vero, possiamo agire con saggezza. Parte del processo per ottenere la saggezza consiste nell'abbracciare l'accettazione. Questo non significa accettare ciò che è intollerabile o ingiusto, ma significa accettare le cose così come sono. Accetta le tue circostanze così come sono, disciplinando di più il tuo desiderio. Accetta che la tua influenza abbia dei limiti, che tu abbia il controllo solo su te stesso. Sii pragmatico nell'affrontare la tua vita e il tuo posto al suo interno. Resisti agli impulsi dell'ego e concentrati non su ciò che ti delude ma su ciò che ti diverte. Questo tipo di accettazione può essere liberatoria, poiché lasci andare i desideri insoddisfatti e le aspettative irrealistiche a favore di un'accettazione chiara e di una rinnovata determinazione a lavorare verso una versione più vera della felicità.

Dovremmo anche passare del tempo a meditare sul nostro posto nell'universo e sull'inevitabilità della nostra mortalità. Prima di tutto, dobbiamo riconoscere che siamo piccoli e insignificanti in tanti modi, poiché questo ci mantiene fermamente radicati nel pragmatismo e nell'umiltà. Ci libera anche dal sentirci responsabili di tutti i mali della nostra vita e del mondo. Questo significa che abbiamo un grande controllo su noi stessi. Una volta che iniziamo a vedere la realtà di chi siamo e di ciò che controlliamo, facciamo un passo avanti lungo il percorso verso la felicità. Meditare sulla nostra mortalità è un altro modo per tenere sotto controllo le nostre prospettive e le nostre azioni. Se riconosciamo che il nostro tempo su questa terra è breve, siamo ispirati a vivere ogni giorno di conseguenza. Non sprecare un momento. Siamo anche profondamente consapevoli, quindi, del desiderio di vivere felicemente e virtuosamente ogni giorno. Perché trascorrere il tuo breve tempo in miseria e discordia quando puoi esistere in tranquillità e felicità? Se viviamo vite con azioni virtuose, le nostre vite hanno un significato indipendentemente dalla durata.

Capitolo 15

Come ridurre al minimo la distrazione?

L e distrazioni e le influenze negative sono simili, ma non sono la stessa cosa. Una distrazione non è necessariamente negativa. Potrebbe semplicemente essere qualcosa che distoglie la tua mente da un'attività che stai svolgendo in quel dato momento. Mettiamo che devi scrivere un rapporto. Sei alla scrivania, ma hai la televisione accesa con l'ultimo episodio del tuo programma preferito. La tua attenzione sarà divisa e rischi di non finire il rapporto in tempo e di non prestargli tutta la tua attenzione.

Una distrazione può essere qualsiasi cosa che distolga la concentrazione dal tuo obiettivo. Per alcune persone, la distrazione può essere la droga, bere, o fumare. Come si fa a smettere di bere, fumare, o di assumere droghe? Non devi permetterti di avere accesso a questi vizi facilmente. Non lasciare un pacchetto di sigarette in casa o in macchina. Non tenere alcol o droghe in casa. Non andare da qualche parte dove quelle cose possono essere presenti. Rimuovi la distrazione alla radice in modo da non dover nemmeno pensare a come dirai di no.

Per alcuni, potrebbe essere l'accendino preferito, una tazza o uno spuntino preferito che potrebbe scatenare una voglia mentale di sigarette o di birra. Rimuovi tutto ciò che susciterà quel richiamo dalla memoria che di solito è sempre associato ad un'abitudine. Se hai un programma televisivo preferito che guardi sempre mentre mangi il gelato, per ora non lo guardare. Non vorrai che quel ricordo del gelato ti spinga a distrarti. Declina lo spettacolo per il momento e programma un'altra attività.

La tua autodisciplina è un'abilità. Immagina un corridore. Un corridore non correrà sempre. Corre negli allenamenti e nelle gare. Non va in giro durante la giornata correndo ovunque. Sarebbe eccessivo e, infine, diverrebbe esausto e non avrebbe la nemmeno la forza di camminare. La capacità di usare l'autodisciplina è un po' la stessa cosa. Non puoi aspettarti di dire costantemente di no e poi aspettarti di avere la forza di allontanarti da una tentazione molto più grande e più pericolosa alla fine della giornata.

Rendi la tua vita più facile rimuovendo le distrazioni che ti prosciugheranno le forze. Se guardare la televisione mentre devi lavorare è un problema, porta la TV fuori dalla stanza. Se tendi a oziare su Facebook invece di fare ricerche, disabilitalo dal tuo computer di lavoro. All'inizio potrebbe essere un po' un aggiustamento, ma rimarrai stupito di quanto ti sentirai meglio. Avrai molta più energia perché non stai combattendo qualche battaglia interiore per rimanere concentrato. Il tuo lavoro migliorerà così come la tua produttività. Alla fine, avrai più tempo libero per lavorare verso il tuo obiettivo o fare qualcosa di divertente. Non rendere la tua battaglia più difficile consentendo alle distrazioni di rimanere in campo. Non è necessario percorrere un percorso ad ostacoli ogni volta che si desidera raggiungere un obiettivo. Fai un piano, rimuovi le distrazioni che minacciano di distoglierti dall'obiettivo e prendi il tuo tempo e la tua energia e impiegali verso il tuo scopo.

Capitolo 16

Come vincere la paura?

L a paura è la sensazione che provi quando pensi a una persona o a qualcosa che potrebbe farti del male. Quando provi paura, senti l'impulso di scappare o di evitare la minaccia. Come emozione, la paura viene evocata in te quando c'è una minaccia concreta per il tuo ambiente. Ad esempio, il solo pensiero di un'auto che si avvicina velocemente o di un ragno che striscia sul tuo braccio può portare la sensazione di paura in te.

La paura è caratterizzata da cose che non sono ancora accadute: si tratta di ciò che potrebbe accadere in futuro. Ci sono molte minacce che possono evocare in te la paura:

- Il piacere di farsi male.
- Perdita di proprietà finanziarie o materiali.
- Avere paura di dire la cosa sbagliata.
- Perdita di amicizia o intimità.
- Ferire altre persone.
- Paura dell'imbarazzo.
- Paura della solitudine.
- Paura di fallire.
- Paura del disgusto.

Di solito, la paura viene evocata quando ti trovi in una situazione qualsiasi di quelle sopra appena descritte. Quando provi paura, ti concentrerai sulla sua fonte che è la minaccia e cercherai un modo per evitarla o sfuggirne. Ci sono minacce immediate che ti faranno reagire all'improvviso o ci saranno minacce che ti faranno pianificare di essere più cauto. Quando il sistema funziona nel modo giusto, ti impedirà di entrare in situazioni pericolose o che possono farti del male in un modo o nell'altro.

Tipi di paura

Quando alcune persone hanno una paura eccessiva di qualcosa in particolare si parla allora di fobia. Avranno infatti molta paura per alcuni stimoli che molte persone vedono come non minacciosi.

Paura innata

Ci sono molti fattori esterni che sono noti per farti spaventare, ma studi hanno dimostrato che siamo nati con alcune paure. Queste sono chiamate paure innate. Altre paure sono chiamate acquisite. Ad esempio, quei bambini vittime di bullismo a scuola inizieranno a temere di andare a scuola; questo è la paura acquisita. La paura innata è quella con cui nasci: paura del fallimento, paura della morte e così via. Man mano che cresci, conosci altre cose che ti fanno paura.

Paura condizionata

Oltre alle paure con cui nasci, ci sono altre paure che si formano quando entri in contatto con un'esperienza negativa e hai paura che accada di nuovo qualcosa di brutto. Queste paure sono solitamente irrazionali e ci fanno credere che circostanze simili porteranno allo stesso risultato, il che è sbagliato nella maggior parte dei casi.Ad esempio, molte persone che sono state attaccate dai cani quando erano giovani rabbrividiranno al pensiero di un cane che si avvicini a loro. Bene, la verità è che la maggioranza dei cani è molto amichevole, ma solo perché hanno avuto un brutto incontro con uno, li evitano tutti.

Siamo anche condizionati a temere le cose che ci dicono essere negative. Questo è il motivo per cui trovi così tante persone e famiglie che hanno pregiudizi nei confronti delle altre persone.

Come reagisce il tuo cervello alla paura?

Quando percepisci qualcosa che ti fa paura, il tuo corpo innesca sostanze chimiche nel tuo cervello che, a loro volta, innescano la risposta alla paura nella parte del cervello che si chiama amigdala. L'amigdala è il primo punto da cui parte la risposta alla paura. L'amigdala è impostata in modo tale da rilevare il livello emotivo degli stimoli e la misura in cui qualcosa ti influenzerà. Diciamo che vedi un leone nel vicinato, beh, l'amigdala risponderà innescando la risposta quindi attiverà tutte le altre aree del corpo che sono coinvolte nella preparazione delle funzioni motorie coinvolte nella risposta. Innesca anche il rilascio di ormoni responsabili della reazione. Quando la risposta viene attivata, i cambiamenti corporei verranno attivati e ti prepareranno a reagire nel modo giusto. Il cervello diventerà vigile, le pupille si dilatano e quindi il tuo respiro accelera. Anche la pressione sanguigna e la frequenza cardiaca aumentano. Poiché i muscoli scheletrici sono gli organi incaricati di rispondere alla paura, più flusso di sangue e glucosio sarà diretto a questi muscoli. D'altra parte, gli organi che non sono coinvolti nella sopravvivenza, come il tratto gastrointestinale (GIT), rallenteranno. Proprio come qualsiasi altro animale, le molte minacce di paura che apprendiamo provengono da esperienze personali che viviamo, come osservare altre persone che attraversano la stessa esperienza a cui abbiamo assistito. Inoltre, impariamo anche dalle parole, quando ci viene detto che qualcosa è pericoloso, la consideriamo la verità e reagiamo nel modo giusto.

La cosa buona della paura è che ti fa concentrare su qualcosa in modo critico. Quando ti trovi di fronte a una minaccia, tendi ad essere in massima allerta e non sarai preoccupato per le cose che ti verranno in mente.

Cose che devi sapere sulla paura

Avere paura non deve essere così grave come sembrerebbe. Prima di poter esaminare i vari modi per superare la paura, dobbiamo esaminare alcune cose sulla paura stessa.

La paura può essere salutare

Provare paura è uno dei modi per mantenere il cervello funzionante in maniera normale. Quando non mostri alcuna paura di fronte a una minaccia, le persone capiranno che hai un problema con il tuo sistema nervoso. Reagire alla paura ti rende umano e dimostra agli altri che hai le tue emozioni sotto controllo.

È esiste di varie intensità

La paura è un'esperienza spiacevole che va da lieve a molto intensa, a un livello che può essere paralizzante. Una notizia lieve può derivare dall'attesa dei risultati di un test che hai fatto e una paura intensa può essere una notizia di un incidente che ha coinvolto qualcuno vicino a te. Qualche paura intensa può rimanere inchiodata nel tuo cervello e richiederà l'aiuto di un professionista per essere eliminata.

La paura costante anche se a metà (di livello d'intensità) provocherà gravi danni alla tua salute mentale e fisica nel tempo.

Non è automatica

La paura deriva da una parte acquisita, in parte dall'istinto e in parte insegnata. Alcune delle paure sono innate, nel senso che provengono dal tuo essere più profondo, e sono nate con te. La paura del dolore riguarda la sopravvivenza. L'istinto di sopravvivere sta tutto nel timore che quando provi dolore, potresti finire per morire o essere debilitato. Si apprendono anche altri tipi di paura. Ciò significa che con il tempo impari ad avere paura di certi luoghi e persone. Quando sei nato, non hai mai saputo che alcuni posti pericolosi esistessero, ma con il tempo hai imparato che non sono i posti migliori dove andare. Alcune paure vengono insegnate. Ad esempio, la tua cultura ti dice che alcune persone devono essere temute e altre non devono essere temute. Alcuni animali dovrebbero essere temuti mentre altri dovrebbero essere rispettati.

Non è necessario trovarsi in una situazione pericolosa per provare paura

A volte, non devi essere in presenza di una minaccia fisica per provare paura. La paura può essere in parte dovuta ai tuoi pensieri, e dal momento che ti sono state raccontate molte storie su qualcosa o qualcuno che potrebbe essere pericoloso, finisci per metterlo in relazione con qualcos'altro che potrebbe essere in realtà inesistente. A volte, proviamo paura a causa della nostra immaginazione che ci porta a pensare a ciò che potrebbe accadere. Abbiamo più paura a causa della capacità che abbiamo di pensare, creare e inventare la paura nelle nostre menti. A volte la paura si trasforma in ansia cronica che nasce dal nulla.

La paura determina come reagirai dopo

Quando provi paura, ti congeli, corri, combatti o semplicemente ti spaventi. Sentirsi ghiacciare dalla paura significa interrompere tutto ciò che si sta facendo e concentrarsi sulla minaccia in modo da decidere cosa fare dopo. Ad esempio, quando ricevi un messaggio che le persone saranno licenziate nell'azienda in cui lavori.

Quando valuti la situazione, il passo successivo è combattere o correre. Se la minaccia è gestibile, puoi decidere di gestirla a testa alta, ma quando la paura è troppo opprimente, deciderai di scappare.

A volte, non combatti né fuggi, provi solo l'emozione della paura e poi non agisci affatto. Tuttavia, mantenere uno stato di paura costante ti rende depresso.

In che modo la paura influisce sul modo in cui funzioni?

Bene, lo scopo principale della paura come emozione è aiutarti a evitare situazioni pericolose. E proprio perché la maggior parte delle cose di cui abbiamo paura oggi non sono così pericolose per la vita, la risposta del corpo ci fa più male che bene. Vediamo come queste emozioni alla fine influenzano il modo in cui ci comportiamo.

Fuga o combatti

Abbiamo visto i diversi modi in cui il tuo corpo risponde alle minacce nei paragrafi precedenti e non abbiamo bisogno di ripeterli qui. Tutto ciò che dobbiamo fare è sottolineare il fatto che il tuo corpo reagisce alle minacce in vari modi per assicurarti di allontanarti dalla minaccia il più velocemente possibile.

Incapacità di prendere decisioni razionali

Quando i tuoi livelli di stress aumentano a causa della paura che provi, ti renderai conto che il corpo devia la maggior parte della sua energia agli arti e quando hai paura non riesci a prendere decisioni razionali.

Quando provi paura, il tuo cervello non attiva le funzioni di assunzione del rischio necessarie per prendere decisioni razionali. Quello che succede dopo è che non sarai in grado di valutare tutte le opzioni prima di prendere una decisione.

Questo è il motivo per cui non dovresti costringere nessuno a prendere decisioni importanti quando si trova in una situazione in cui ha paura. Non saranno infatti in grado di pensare alle loro opzioni.

Tutto diventa negativo

Quando ti trovi di fronte a una minaccia, il cervello percepisce qualsiasi cosa e tutto intorno a te come negativo. Assocerai gli edifici, l'ambiente e qualsiasi altra cosa nelle vicinanze come negativi anche se non lo sono.

Come vincere la tua paura?

Quando continui a ignorare la tua paura, cresce fino a diventare cronica. Quando decidi di affrontarla, si rimpicciolirà. All'inizio dell'anno, le persone escogitano soluzioni per raggiungere gli obiettivi che desiderano raggiungere durante l'anno. Molti di loro falliscono mentre altri ce la fanno. Per coloro che falliscono, il motivo principale è che temono di non farcela. Ciò impedisce loro di ottenere ciò che cercano, anche se hanno la capacità di riuscirci.

Ecco i modi per superare la paura che hai:

Comprendi la paura e poi abbracciala

La paura è lì per tenerci al sicuro in modo da evitare danni. Ebbene, la paura non può essere intrinsecamente buona o cattiva, ma serve come strumento per essere in grado di prendere delle decisioni. La paura ha anche i suoi lati positivi e negativi, quindi assicurati di trarre vantaggio dal lato buono e impara dagli effetti negativi della paura. Puoi abbracciare la paura in modo che ti aiuti a imparare le lezioni, ma non lasciarle il controllo di ciò che fai.

Non avere fretta

Quando ti trovi di fronte a una minaccia, devi avere un piano in mente su come affrontarla. Non limitarti ad aspettare che accada qualcosa, piuttosto devi elaborare un piano e cercare delle opzioni.

Una delle cose che devi fare è capire cosa hai a portata di mano da usare contro la minaccia percepita. Molte imprese sono state rovinate perché una persona non è riuscita a prendere una decisione basata su ciò che aveva a portata di mano. Quando la paura colpisce, prenditi del tempo per considerare se l'azione giusta è saltare alla decisione più vicina o analizzare le varie opzioni e prendere la decisione giusta.

Identifica la paura

A volte, quando ti trovi di fronte a una minaccia, cerca di capire che tipo di paura stai provando. A volte il semplice atto di affermare cos'è la paura e poi darle un nome ti darà la forza di cui hai bisogno per affrontarla.

Dai un nome alla paura, poi dagli una dimensione. La dimensione è solo l'intensità e ti dice quanto è estesa la paura in modo che tu possa decidere se puoi gestirla o meno. Più grande è la paura, più difficile sarà per te gestirla.

Ricorda che quando cerchi di ignorare la paura, cresce a proporzioni ingestibili, ma quando decidi di affrontare la paura, diventerà più piccola.

Pensa a lungo termine

Se sei un lavoratore, potresti pensare di non essere occupato il mese prossimo nello stesso ruolo. Questo è un lasso tempo troppo breve per iniziare a preoccuparsi dei problemi; a volte, è necessario settare il cervello su soluzioni a lungo termine in modo da ridurre la paura dell'ignoto.

Quando pensi a un obiettivo a lungo termine, non sarai in grado di risolvere i problemi a breve termine, ma ti permetterà di pensare a cose in maniera più oggettiva e trovare la soluzione perfetta.

Educa te stesso

Nessuno ha più paura di qualcosa che non conosce. Se la paura viene a causa di una mancanza di informazioni, allora questo è il momento giusto per ottenere le informazioni desiderate in modo da tenere la paura fuori gioco. Prenditi del tempo per capire di cosa tratta la paura, quindi vai avanti per sapere come puoi gestirla nel modo giusto. Esistono vari modi per ottenere queste informazioni, inclusi blog online, documenti di ricerca, libri e altro ancora.

Essere preparato

Quando hai avuto un'esperienza negativa con qualcosa e non sei riuscito a gestirla nel modo giusto, devi essere preparato in modo che la prossima volta non dovrai reagire di nuovo negativamente.

Per esempio molte persone hanno la paura innata di parlare in pubblico. Quindi, se hai una paura correlata alle tue prestazioni sotto un certo aspetto, devi prepararti per il compito con largo anticipo prima di affrontare di nuovo la paura.

Utilizza la spinta della pressione dei pari

Se hai una fobia da un po' di tempo, di solito è bene avere alcuni amici per aiutarti a superarla. Hai mai fatto qualcosa di spaventoso come il paracadutismo da un aereo in movimento solo perché avevi i tuoi amici lì a spingerti a farlo? La pressione dei pari può essere buona o cattiva; dipende solo da come viene utilizzata questa pressione. Assicurati di circondarti di persone che ti aiuteranno a superare le paure che ti stanno facendo fallire nella vita.

Visualizza il successo

Molte persone cadono nelle trappole che la paura pone loro davanti, perché hanno una mentalità negativa volta a pensieri di fallimento. La paura del fallimento emerge ogni volta che vogliono fare qualcosa. Se hai visto GLI atleti, ti renderai conto che fanno la loro disciplina con un obiettivo in mente: il successo. Quando lo rendono reale prima nella mente, poi spingono forte sull'acceleratore e finiscono per avere successo in quello che fanno. Devi anche tu adottare questa mentalità: il successo, in ogni momento, in modo da essere pronto ad avere successo in qualunque cosa tu cerchi di ottenere.

Dai un senso di proporzione

Devi quantificare la tua paura. Ad esempio, devi capire quanto è grande la minaccia che ti fa impallidire dalla paura. A volte siamo così presi dalla paura che deriva da una certa minaccia che non riusciamo a capire che è gestibile. Quindi, quando ti trovi di fronte a una minaccia, prova a darle una proporzione prima di gestirla.

Capitolo 17

Strategie di autodisciplina

Attraverso il libro impariamo diversi modi in cui possiamo creare o migliorare la nostra autodisciplina, ora diamo uno sguardo più da vicino ad altre strategie che possiamo implementare per avere successo nel nostro obiettivo:

Sviluppare una mentalità di crescita

Una mentalità di crescita è essenzialmente un nome per qualcuno di mentalità aperta e desideroso di imparare, e cercare soluzioni a ciò che sta attraversando nella vita.

Se hai una mentalità di crescita, sei concentrato sullo sviluppo delle tue capacità e sulla ricerca di modi per superare gli ostacoli che possono presentarsi lungo il tuo viaggio in modo da poter continuare a svilupparti lungo il tuo percorso.

In questo modo, indipendentemente da ciò che incontri nella vita, sei disposto a trovare un modo per crescere e avanzare verso i tuoi obiettivi.

Non imbrogliare!

Per diventare disciplinato, devi scegliere un obiettivo e rispettarlo. Attenersi al piano è ciò che ti renderà disciplinato. Attenendoti al tuo piano quotidiano, dovrai metterlo prima di qualsiasi cosa o di chiunque altro. Sicuramente se riesci ad affrontare il tuo piano sin dal mattino, sei praticamente sicuro di avere successo per quel giorno.

Sviluppa l'abilità dell'auto-motivazione

Molte persone scoprono di essere molto più motivate a cambiare quando hanno un amico che ha a che fare con gli stessi problemi. Ed è questo il problema, la maggior parte dei tuoi amici è proprio come te sotto questo aspetto e non possono davvero aiutarti. Non fraintendermi, i tuoi amici possono ti aiutare e ti incoraggio, ma per quanto riguarda l'energia se dobbiamo dipendere da altre persone per restare in pista, alla fine uscire fuori pista è molto facile.

Creare un effetto vincente

La creazione di un effetto vincente inizia con la comprensione che è più probabile che tu raggiunga i tuoi obiettivi più grandi se raggiungi prima quelli più piccoli. Questo è il motivo per cui è utile avere delle pietre miliari sulla strada per i tuoi obiettivi: ogni piccolo obiettivo può essere celebrato come il proprio obiettivo e questo ti rende molto più propenso a raggiungere i tuoi obiettivi più grandi nel lungo periodo.

Premia te stesso

Quando ti riconosci la giusta ricompensa, assicurati una gratificazione ritardata insieme ad una ricompensa abbastanza grande da valere la pena di essere festeggiata.

Realizzare guadagni marginali

Un ottimo modo per padroneggiare l'autodisciplina è imparare l'arte di ottenere guadagni marginali. L'idea dei guadagni marginali è simile all'idea che stimola l'effetto vincitore: i guadagni marginali costruiscono la tua fiducia e ti fanno sentire come se potessi davvero creare il tipo di successo che desideri, questo costruisce il tuo slancio e ti fa andare avanti.

Plasmare il tuo ambiente

Modellare il tuo ambiente per mantenerti in carreggiata significa rimuovere tutte le distrazioni che potrebbero impedirti di rimanere concentrato, eliminare le tentazioni e aggiungere elementi al tuo ambiente che rendono più facile restare in pista. Puoi fare spazio, rimuovendo tutti gli oggetti che promuovono attività o abitudini indesiderate e aggiungendo elementi che promuovono eventi desiderati. In questo modo, il tuo ambiente è pronto per il tuo successo e hai maggiori probabilità di portare a termine tutto.

Circondandosi con le persone giuste

Se vuoi adattare il tuo comportamento e padroneggiare l'autodisciplina, circondati di persone che sono anche concentrate sulla padronanza dell'autodisciplina e sull'essere coscienti e attenti ai loro comportamenti. Quando ti circondi di persone che hanno gli stessi obiettivi e desideri dei tuoi, ti rendi più facile rimanere sulla buona strada perché non sei più circondato da persone che si comportano come tentazioni.

Essere gentile con te stesso

L'autodisciplina è davvero un percorso di padronanza di sé, il che significa comprendere se stessi a un livello più profondo e capire come spingersi all'eccellenza senza spingersi al punto di rottura. Il tuo obiettivo qui è capire dov'è quella linea sottile tra dare il massimo sforzo e spingerti troppo oltre. Essere gentile con te stesso non significa solo sapere quando smettere; può avvenire in molti modi diversi. Essere gentili con te stesso è un'opportunità per conoscerti di più e per piacerti di più, quindi puoi impegnarti nella gentilezza come parte della tua missione personale in modo da poter davvero sviluppare la tua relazione con te stesso e imparare come il tuo sistema operativo interno funziona.

Conclusione (riassumendo)

Se vuoi rimanere al top del gioco, devi essere disciplinato. Essendo una persona impegnata, è facile perdere di vista ciò che è importante. La chiave è essere in grado di stabilire le priorità e gestire il tuo tempo in modo efficace.

L'autodisciplina è un aspetto cruciale anche della tua salute e della tua forma fisica. È importante essere disciplinati nella dieta, nel programma di allenamento e in altri aspetti della vita. L'autodisciplina è una delle abilità di vita più importanti. È la chiave per una vita di successo. Le persone che hanno l'autodisciplina tendono ad avere più successo di quelle che ne sono prive.

La persistenza è la chiave del successo. Fai uno sforzo in più per raggiungere i tuoi obiettivi. Potrebbe non sembrare così ora, ma i tuoi sforzi saranno ripagati a lungo termine.

La chiave del successo è l'autodisciplina. Esistono due tipi di persone: quelle che possono fare le scelte che vogliono fare e quelle che non possono. Non lasciare che le voci negative nella tua testa dettino le tue decisioni.

Anche se hai avuto successo in passato, non significa che accadrà di nuovo. Devi migliorare costantemente le tue capacità per avere successo.

Se stai leggendo questo libro, probabilmente hai un programma fitto di appuntamenti. Hai un lavoro, una famiglia e amici che vuoi vedere. O se vai ancora a scuola, lavori duro per ottenere buoni voti. Se vuoi avere successo, devi essere disciplinato ed essere pronto a lavorare sodo. Ecco perché abbiamo creato questo elenco di cose che possono aiutarti a concentrarti e rimanere in pista.

Senza autodisciplina, ti ritroverai a prendere la via più facile ogni volta. Perderai di vista ciò che è importante e alla fine fallirai. Un modo per aumentare la tua autodisciplina è capire la differenza tra piacere e dolore. Quando si è alla ricerca di piacere, si stanno facendo scelte che non sono basate sui nostri valori. L'autodisciplina non è solo fondamentale per la tua salute, ma è anche un fattore enorme quando si tratta di successo. Senza autodisciplina, non puoi essere disciplinato con i tuoi soldi e con il tuo tempo.

L'autodisciplina è un fattore importante per il successo in molti aspetti della vita, ma non significa che devi essere schiavo della tua routine. Fai qualsiasi cosa che funzioni per te.

Se non riesci a disciplinare te stesso per seguire i tuoi propositi per il nuovo anno, è tempo di rivalutare le tue priorità. A volte facciamo scelte sbagliate perché siamo troppo occupati e non abbiamo abbastanza forza di volontà per portare a termine le cose. L'autodisciplina dipende dall'avere una forte volontà e non lasciare che i tuoi desideri abbiano il sopravvento su di te. Non puoi controllare tutto, ma hai il potere di scegliere come rispondere a situazioni e decisioni. È importante essere disciplinati nella vita quotidiana e nel lavoro. Essere disciplinato ti aiuterà a rimanere in pista e a fare ciò che è necessario per te. L'autodisciplina è la chiave per il successo e la chiave per avere successo è anche la coerenza. L'autodisciplina è una capacità essenziale perché è così facile cadere in cattive abitudini quando si è disciplinati. Puoi imparare ad essere disciplinato facendo attività che ti sembrano noiose, difficili o dolorose. In conclusione, tieni sempre a mente i tuoi obiettivi. Dovresti sforzarti di essere la versione migliore di te stesso. Fai ciò che ami e vivi la vita al massimo. Questi suggerimenti ti aiuteranno a crescere come persona e se lo vorrai come imprenditore.

Buona vita!